U0418364

跨代际管理

“00后”员工如何带

陈晓璐　著

清華大学出版社
北京

图书在版编目（CIP）数据

跨代际管理："00 后"员工如何带 / 陈晓璐著 . -- 北京 : 清华大学出版社 , 2025. 4.
(新时代·管理新思维). -- ISBN 978-7-302-68655-2

Ⅰ . F243

中国国家版本馆 CIP 数据核字第 2025UY9926 号

责任编辑：左玉冰
封面设计：徐　超
责任校对：王荣静
责任印制：丛怀宇

出版发行：清华大学出版社
　　网　　址：https://www.tup.com.cn，https://www.wqxuetang.com
　　地　　址：北京清华大学学研大厦 A 座　　**邮　　编**：100084
　　社 总 机：010-83470000　　**邮　　购**：010-62786544
　　投稿与读者服务：010-62776969，c-service@tup.tsinghua.edu.cn
　　质 量 反 馈：010-62772015，zhiliang@tup.tsinghua.edu.cn
印 装 者：涿州市般润文化传播有限公司
经　　销：全国新华书店
开　　本：170mm×240mm　　**印　　张**：18　　**字　　数**：200 千字
版　　次：2025 年 6 月第 1 版　　**印　　次**：2025 年 6 月第 1 次印刷
定　　价：79.00 元

产品编号：104565-01

序

Foreword

随着大批“00 后”以浩荡之势涌入职场，企业中“70 后”“80 后”“90 后”“95 后”“00 后”等多代际员工汇聚一堂，代际鸿沟引发的矛盾愈发尖锐。

“00 后”作为互联网原住民，他们能娴熟运用各类新科技、新工具，拥有极为活跃的“脑洞”和独特的审美观念。从优点来看，他们自信且勇敢，勇于追逐梦想，有着强烈的“自我实现”诉求，对社会事务展现出强烈的责任感，秉持着全新的职业观，不再盲目遵从权威，而是渴望平等交流与公正对待，以其独特风格给社会带来新鲜活力与变革力量。

但这个群体因为年轻，也存在着不足。比如，部分“00 后”可能存在过度自我的情况，较难充分考虑团队的整体需求，影响团队协作效率，对一些复杂问题的处理不够成熟，容易意气用事，面对压力时可能会因心理承受能力相对较弱而出现焦虑或逃避的行为。互联网上有关于“00 后”很著名的梗：“在上班和上进之间，选择上香；在求人和求己之间，选择求佛。”不过，随着逐渐成长和经历增加，“00 后”这些不足有望得到改进。

不同代际的职场人存在明显的认知差异、行为差异和文化冲突。以职场中常见的加班为场景：

"70后"可能会毫无怨言地主动留下来加班，以高度的责任感确保任务顺利完成，并且会细致地安排各项工作，沉稳应对。

"80后"大多会考虑到项目的重要性和对自身的影响，权衡之后选择加班，同时会积极与团队沟通协调，努力推进工作。

"90后"可能会先评估加班的必要性和回报，如果觉得合理，会认真投入加班，但也可能会提出一些条件或想法，比如后续的调休等。

"00后"则可能会直接表达自己的想法，对加班表示抗拒，认为工作时间外应该有自己的生活，更关注自身权益，甚至提出一些不同的解决方案来避免加班。

当然，这只是一种普遍情况的举例，个体有其独特性，不能一概而论。"70后"成长于相对传统的时代，他们的价值观更强调踏实勤奋、忠诚奉献，注重物质的逐步积累和稳定。"80后"处于社会变革时期，既有着对传统价值的一定遵循，又渴望突破和创新，较为注重自身发展与生活品质的平衡。"90后"深受互联网影响，追求自由、平等和自我实现，更关注工作的乐趣和意义。"00后"则更加个性张扬，注重精神层面的满足，对新鲜事物充满好奇。

在职场中，跨代际员工之间会出现各类分歧："70后"或许觉得"90后""00后"不够稳重务实，"90后""00后"则可能认为"70后"过于保守；"80后"与"90后"可能在对职业规划的理解上有分歧，如"80后"觉得应该循序渐进，"90后"则可能更倾向于跳跃式发展；"90后"与"00后"在对待工作压力的反应上也可能不同，如"90后"会努力应对，"00后"可能会更直接地表达不满。不同代际的员工在工作理念、管理方式等方面的价值观不同，都可能引发矛盾。

序

在当今时代，新业态层出不穷。人工智能的发展、生成式人工智能的兴起、直播电商的火爆以及新媒体的盛行，不仅改变了商业运作模式、组织架构、赢利模式，也倒逼管理者必须进行领导力升级。面对“00后”员工，传统管理方法已不再适用，管理者需要将新质生产力与企业人才管理相融合，关注员工的内在需求和成长，以及他们的情绪价值。结合新业态的特点，管理者要创新管理方式，激发“00后”在这些领域的创造力和潜力。只有不断升级管理，适应时代变化，企业才能在激烈的竞争中留住人才，持续发展。

如何化解这些矛盾，实现不同代际员工之间的和谐共融与协同发展，正是本书要深入剖析并探询解决之道的核心要点。本书以八大篇章为主轴，即“对话有力：相比新生代员工，我更担心的是管理者”“挖掘潜力：如何第一时间招到对的人”“提升才力：如何快速让职场新人成为合格员工”“锻造内力：如何带教和培育员工”“激发活力：如何让员工像热爱打游戏一样热爱工作”“职场合力：四代同企，跨代际团队如何高效沟通”“用好能力：如何进行跨代际管理”“留住人力：如何留住人还能留住心”，以清晰的逻辑为指引，以丰富的工具为利器，以实用的案例为佐证，全面解决跨代际管理的选、用、预、留问题。

希望本书中的工具，能为你跨代际管理带来帮助，如有进一步的课程或项目需求，欢迎关注我的同名公众号：陈晓璐。

陈晓璐

2025 年于上海

推荐语、客户见证及各界寄语

本书的出版，符合当下中国企业转型的趋势，推动新质生产力的发展，具有时代特征。正所谓“青年强则国家强”。本书的出版迎合了这一大时代背景，将帮助众多企业家和管理者用好年轻人，经略好企业。

陈教授针对“00后”员工在企业中的管理、培养和成长课题，根据他们自身的特点和发展要求，从多视角、多维度，言简意赅地应用科学的管理方法，提出了独到的、适用于各行各业的管理方法和见解。本书内容丰富，实用工具新颖，实操步骤清晰，涵盖了激励、沟通、团队建设和有效的绩效方案等多个方面。

这一课题也是我和陈教授经常讨论的一个话题。陈教授在这个领域深耕多年，做了大量的科学管理学理论研究和实践探索。如在书中，她提出了“相比新生代员工，我更担心的是管理者”这个鲜明的观点。拜读此书后，我受益良多，特推荐此书。希望此书能成为广大企业管理者的良师益友，助力企业更好地发展。

——沈钦华

力康生物医疗科技控股有限公司董事长、上海市管理科学学会副理事长

本书是一本深刻洞察并指导现代企业管理者跨越代沟、激活新生代潜能的实战指南。陈博士通过分析“00后”的职场期待与价值观，以及他们对新技术如生成式人工智能和新领域如直播电商等的

熟悉程度，强调了跨代际团队高效沟通技巧与个性化管理艺术的重要性，为管理者改变沟通方式、转变团队建设理念提供了具体指导。

其管理理念尤为亮眼的部分，在于对跨代际管理中游戏化模式、高效沟通机制及个性化激励策略的深度剖析。借鉴游戏心理学，陈博士创造性地提出激励员工的新模式，通过设定目标，设计奖励与竞争机制，让工作变得有趣而富有成效。书中还特别强调了心理安全在跨代际团队建设中的重要性。在一个鼓励开放交流、容错试新的环境中，"00后"员工的创造力和主动性能够得到充分释放。

本书不仅为我们提供了丰富的实践案例与实用的操作工具，更为我们带来一种理念上的革新，帮助企业在快速变化的时代浪潮中，构建起具有前瞻性和包容性的管理体系，使管理者及企业团队实现真正的跨代共赢。

——徐昕哲

饿了么公益事业部总经理、志奋领奖学金学者、
上海市普陀区新联会副监事长

在时代的前沿浪潮中，我深刻洞察到"00后"在新业态领域的强大优势。他们在人工智能技能迭代、AIGC的运用以及直播电商与新媒体方面远超前辈。陈晓璐老师的著作，恰是开启"00后"管理智慧之门的关键，让我们领悟管理这一独特群体的重要性，助力其优势转化为推动时代发展的强劲动力。

——张传旻

上海市青少年发展基金会AIGC创新人才成长专项基金 副主任
得到新商学上海创业者访谈栏目《得新访谈》主持人
上海交大教育集团高净值研究院副主任

陈晓璐老师是我所认识的讲师中最擅长讲代际领导力的老师了。得知其大作即将付梓，我十分开心，急忙索要内容先睹为快。看完后，我觉得这是一本洞察时代脉搏的管理宝典。书中不仅深刻地阐述了“00后”员工的价值观和职场期待，还提供了丰富的新生代员工管理经验，教会我们管理新生代员工不能仅是简单地命令与控制，它是一场关于信任、尊重和共同成长的旅程。相信看完此书，管理者能做到“以人为本，让每一位员工成为企业的共创者”！

——徐旌华

上海玖玉企业管理咨询有限公司董事长、沪江网原联合创始人、副总裁
上海市社会建设青年人才协会理事、格局商学特聘企业家导师

“00后”如何带？如今，这已经成为企业家最为关心的一大问题。面对“00后”“整顿”职场带来的新难题，对于企业管理者，是挑战，更是机会。跨代际管理的背后，对所有企业家而言，更深层的意义是如何重塑自己的领导力，重新思考更加与时俱进的影响力。陈晓璐博士的新书能够很好地回答这个问题，并给出了细致而又深刻的策略思路和行动建议。我一定会把它推荐给我企业家私董会的成员，也会推荐给身边的企业家朋友。未来的成功不在过去的答案里，年青一代管理的秘诀，就在这本书里！

——赵雨润

投资人、今日头条科技大V、前盛大影视CEO
中欧校友市场营销协会副会长、中欧EMBA
比利时联合商学院工商管理博士、伟事达私董会企业家教练
盖洛普全球认证优势教练

陈晓璐女士的这本新代际管理著作，无疑为企业在多元化时代的发展提供了宝贵的指引。她以独特的视角，深入探讨了代际差异

对组织发展的深远影响。这本书不仅有助于我们更好地理解不同代际员工的需求和期望，更能激发我们创新管理思路，实现代际间的和谐共融，共同推动企业迈向更加辉煌的未来。

——许斌

微软（中国）FY15-16 最具影响力人物、纳斯达克 SPAC 上市最佳导师
纳乾投资集团（筹备）董事局主席

"95 后""00 后"的年轻人已经步入职场，并且逐渐在企业的重要岗位上担负起关键工作。如何管理、带领、激励这群充满活力又极具个性的"95 后"和"00 后"年轻人，如今已经成为企业家最为关心且具有挑战性的一大课题。

面对"95 后""00 后"员工管理的这一挑战，从招聘到培训，从上岗到管理，从日常到工作，从驱动到激励，无一不是极难用以往经验应对的挑战。然而，它是挑战，亦是机会。本书从多维度、多视角，以科学的管理办法，化繁为简、步骤清晰地帮助各行各业的企业家避坑，促使企业理念更好落地。

该书很好地解答了令企业家日常感到棘手且头疼的"00 后"管理问题，更是在人力资源的策略制定和行动规划上给出了切实可行的建议，可以真正帮助企业在新时代重新审视和思考自身领导力的建设和重塑问题。

该书非常值得被推荐给身边的企业家朋友。时代正在飞速发展和变化，唯一不变的就是面对变化时自身的快速改变和调整。只有挑战自我，方能迎来转机，获得成长。

——葛清泉

富士胶片商业创新中心总经理
华东理工商学院 MEM/MBA/EMBA 职业导师团导师
中小型企业发展咨询导师、华东理工 EMBA

在信息平权时代，科技智能赋予“后浪”更多优势。在组织中，他们要的是被领导、被管理，还是真正地被赋能？跨代际管理已然成为当下乃至未来管理的焦点。在我看来，非权力领导的核心是懂人性、得人心、成人事、遂人愿。这在“前浪”与“后浪”的交汇激荡中展现得淋漓尽致。拜读晓璐老师的大作，也印证了我的这种感觉。该书将跨代际管理的艺术和信息技术融为一体，多视角、多维度看待和理解代际差异。改变自己，激发内驱力，跨越代际传承鸿沟，既是本书传递出的进化逻辑，也是社会进步的一种动力。颇值得细读！

——高晓明

安利（中国）赋能中心—培训中心总经理、LEO 叔叔关系学堂专业认证讲师

零零后生涌如潮，跨代际，智略高。书中妙策领风骚，赋能群英，共创辉煌朝。

——沈峥

上海艾韦士课教育科技（集团）有限公司创始人、执行总裁
教育学博士，高级经济师，对外经济贸易学院院长、教授
上海浦东新区浦发进修学校校长

本书针对当前管理领域的热点问题提供了独到见解。无论是制订培训计划还是优化工作流程，书中的策略都能帮助您有效地引导年青一代，打造高效、和谐的团队。对于追求卓越管理实践的您，这是一本必读书。

——王晓刚

上海艾韦士课教育科技（集团）有限公司总经理
对外经济贸易学院独立董事兼在职研究生中心主任
国际职业技术标准认定专家、教育管理博士后（产教融合方向）

本书有三大特点：

一是新颖的职场领域"力学"专著，打好有力、潜力、才力、内力、活力、合力、能力、人力八大力组合拳。

二是多门学科，如社会学、心理学、管理学、经济学等的综合运用，涵盖企业文化、社会责任、人员培训、经济效益等内容。

三是有的放矢，针对"95后""00后"的情绪价值、认知管理及代际沟通等进行深度剖析，无论是对于管理者，还是职场员工，它都是一本必读宝典。

——施蔷生

高级经济师、上海市东方法治文化研究中心理事长
上海中华职教社专家委员会专家

管理即沟通，上上下下、里里外外、前前后后的沟通就是管理的日常，好的沟通就是好的管理。企业是将高素质人才历练成高水平人才的微观场域。当"00后"作为新鲜血液被补充进团队之后，企业在获得新生力量的同时，也会出现许多因沟通不当而产生的跨代际管理新问题。本书既是作者结合多年实践研究取得的理论成果，又是一本具有丰富案例的管理者必备的工具书。在这个以"创意·创新·创业·创造·创富"为主题的创时代，如何把"00后"带教成适应创时代要求的中坚力量，本书给出了答案，值得推荐，共享共读有所收获。

——李俊宝

上海浦东新区现代产教融合促进中心主任、哎呦嘿众创联盟创始人

"Z世代"已经开始进入社会，迈向职场。他们自带新时代的金钥匙，一出生就与网络信息时代无缝对接，同时也为"60

后”“70后”“80后”的企业管理者带来了一个很大的难题，即如何跨代际管理好这些个性彰显的新生力量？这些年，在做投资和私董咨询的过程中，我和大量的投资人、企业家交流过这个问题，现在很高兴看到了一个梳理得如此完整且呈体系化的答案。陈博士的这本书很好地回应了时代的需求，抽丝剥茧地回答了这个难题。每位投资人和企业家都应该备上一本这样的床头书！

——魏翔宇

上海交大教育集团顶层设计研究中心秘书长、
共生汇创始人、博光投资合伙人、多家中小企业投资和战略顾问

这本书非常接地气，实操性很强，值得每位企业家及高层管理者拥有。对于当前企业面临的“95后”“00后”新生代员工招人、用人、留人，以及全职业生命周期难题，它给出了全新的答案。我与晓璐老师相识于全球EMBA联盟举办的活动，她知性文雅，勇毅果敢，能量超凡。本书是她多年实践经验的结晶，数十年磨一剑，匠心之作，值得拥有！

——姚书鹏

上海本心教育科技有限公司创始人、上海交通大学农生院校友会常务副会长
上海姚联文化传播有限公司董事长

情绪价值是近年来一个非常热门的词语，“95后”“00后”员工更愿意为情绪价值买单。作为企业管理者，我们一定要学会为员工，尤其是青年员工提供情绪价值，这样才能让企业发展得越来越好。作者在书中运用心理学与现代企业管理理论，对企业家和高层管理者管理公司帮助非常大。

——张璜

国家心理咨询师资格认证上海辅导中心主任

管理者面对的世界正在悄然改变，认知环境、管理方式和手段亦在变化，且将持续变化。重视"00 后"的价值主张和情绪价值，适时进行动态管理，对发展新质生产力、培育高质量新生代具有重大意义。对跨代际管理而言，这既是挑战，亦是机遇。本书以管理过程为线索，汇聚了陈教授在教育培训行业积累多年的实战经验，以案例分析形式呈现，对"00 后"的管理作了全面、系统的阐述，非常具有实操价值。

——程华新

米劳投资控股有限公司、米劳控股集团有限公司董事长

管理者杂志编委会委员 / 副主编 / 编辑

全球高校创新创业大赛投资嘉宾评委

EMBA 联盟俱乐部秘书长

在过去的时间里，我采访过近千位创业者和企业家，他们也曾在时代的浪潮当中沉浮。在与这些创业者和企业家的交流中，我深刻感受到，在这个快速发展的时代，每个人都面临着巨大的挑战和机遇。那么，如何才能在这样一个变革的时代当中把握机遇、勇往直前，拥有更多的机会和价值呢？

我要强烈推荐陈博士的这本书。它犹如一盏明灯，为我们在复杂多变的管理领域指引方向。陈博士通过深入研究和亲身实践，精准地剖析了"00 后"员工的特点和需求，为我们提供了切实可行的管理方法和策略。无论是对于新生代员工的激励、沟通，还是团队建设和绩效方案制订，书中都有详细而独到的见解。

陈博士在这个领域深耕多年，她的研究成果和实践经验具有极高的参考价值。书中提出的观点和方法，能够帮助企业管理者更好地理解"00 后"员工，有效地引导他们发挥潜力，共同推动企业发展。

阅读此书，就如同与一位资深的管理专家进行深入对话，能够让我们汲取到宝贵的经验和智慧。我相信，这本书将成为广大企业家和管理者的良师益友，帮助我们在时代的浪潮中把握机遇，站稳脚跟，实现企业的持续进步和成长。让我们一起跟随陈博士的脚步，探索跨代际管理的奥秘，为企业的未来开辟更加广阔的天地吧！

——董豪

《创业人物访谈》栏目制片人、主持人

陈晓璐老师是一位才华出众的人才管理专家，也是一名多才多艺、具有持续学习力、不断成长的优秀企业管理实践者。陈老师的这本书案例丰富、可操作性强，很符合新时代企业管理实践的要求。此书将是优秀企业家、管理者的必备，值得常阅读！

——华艺

中国技术经济学会中小企业分会执行秘书长
温州源大企业运营管理集团有限公司 CEO

不要忆苦思甜，不要苦大仇深，不要喊我加班，不要周末团建，现在的“00 后”本事不大，短视频没少看，这样的职场新人怎么带？且看陈晓璐老师的新书。

——秋叶

秋叶品牌、秋叶 PPT 创始人

人才不是核心竞争力，对人才进行有效管理的能力，才是企业的核心竞争力。本书针对“95 后”“00 后”员工更注重追求自主性和自我体验感的鲜明特质，创新企业管理模式，给出了大量务实、管用的方法和建议。对于现代管理者来说，该书必将起到启迪管理智慧、提升管理水平、助力团队打造的重要作用。特别是对于传统企业的员工管理工作，它有助于企业管理者创新管理理念和管理文化，值得推荐！

——鲁长春

上海市优秀工会工作者、中建集团优秀党务工作者
中建八局劳动模范、优秀思想政治工作者
资深国企党建、人力资源管理工作者
鲁长春国企党建理论研究创新工作室创始人

本书是一本专门讲述如何做好“95 后”“00 后”员工管理的书。在书中，作者结合自身多年实践经验，深入分析了新时代年轻人的特点和需求，从多个维度提供了切实可行的管理策略。无论是消除职场代沟、制定激励机制，还是实现跨代际沟通，本书都给出了详尽的操作建议。对于想要有效管理年轻员工的管理者来说，这本书是不可或缺的指南。

——汪文庭

校长邦创始人兼董事长、桃李资本合伙人、龙骧投资基金管理合伙人

这本书特设章节专门讲述如何做好高学历人才管理，对科技创新、投资等行业的帮助非常大。科技创新需要大量高学历、高素养、高眼界的“95 后”“00 后”精英，这类人才存在较大的管理难度，对企业各方面的要求也高。阅读这本书，我们可以掌握对“三高”年轻人才的有效管理方法。它系统性强，实操性强，是科技＋创投行业难得的工具书。

——王团

上海市创业指导专家、上海民建企业发展促进中心专家
上海市青年企业家协会会员、民建上海市委徐汇智能经济专委会副主任
上海道咖投资发展有限公司董事长

这本书告诉我们，人不会永远年轻，但永远有人年轻。企业经营管理者非常有必要了解当下“00后”员工的内心世界。此前很荣幸跟随晓璐老师学习如何带“00后”员工。晓璐老师是一名非常优秀的、有格局的老师，一路带领我们与时俱进，提供给我们管理好“00后”员工的很多方法，让我们深受启发。我强烈推荐陈老师的这本书！

——汪洋

上海尽野企业管理咨询有限公司创始人、荷兰商学院MBA

上海交大高净值企业家班学员

陈晓璐博士在这本书中凭借自身在人才发展和新营销领域近20年的丰富经验，提供了针对“00后”员工管理的独到见解和实用策略。本书深入探讨了“00后”一代的独特需求与特点，通过实例和管理工具，为企业家和管理者揭示了如何有效激励和引导这一年轻群体的秘诀。无疑，这将是帮助您构建高绩效团队的超实用工具书。

——董娟

亚新企业家健康管理联盟理事长

这本书直面当前全球企业遇到的人才管理挑战，在人工智能时代即将来临的前夕，企业要如何带领这群“Z世代”的年轻人与企业“共创”未来，本书提供了很好的方向与实用技巧。

从选、育、用、留四大维度，本书进行了多元的思考，也提供了落地工具，还分享了海内外的许多案例，让读者能更好地结合书中所学，加以应用。本书内容扎实，实操步骤简明、易懂，相信对许多遇到跨代际管理难题的管理者，有相当大的帮助。

在劳力密集时代，企业的管理并不需要太多的个性化，主要以企业的标准作业程序为指导原则。但在脑力密集以及需要跨国管理的时代，如何运用更有弹性、更有人性的方式留住年青一代的工作者，相信这本书能给你指引许多"换位思考"的方向。

——黄柏翰（Michael）

GRI Venture 合伙人、资深天使投资人、Asknower 加速器常务理事
康奈尔大学计量金融硕士
加利福尼亚大学洛杉矶分校和新加坡国立大学 EMBA

这本书有趣，有用，有魂。有趣：有很多关于"00后"员工的有趣测试，可读性强。有用：工具齐全，对企业家很有帮助。有魂：体系完整，选用预留，包含完整的人才管理体系，非常值得收藏。

——方灵旺

民盟上海市新阶层（综合）委员会副秘书长、民盟上海企业联合会理事
上海宝玉石行业协会理事、香港珠宝玉石厂商会理事
广东佛山艺品天下翡翠艺术馆馆长、方圆珠宝董事长

行业变革和企业发展靠人才驱动，该书对金融行业的发展帮助很大。它重实操管理办法、理念新颖、方法独特、逻辑清晰、易学易做、落地性强、系统完整，可帮助金融行业更好地了解新生代、管理新生代，建立多元化的人才培养体系，引领新生代更快、更好地创造金融行业"新质生产力"，让行业和企业走得更快、更稳、更强。

——王建军

为尊资产董事长、中国继创者联盟副秘书长

青年员工在现代企业中的人数比例往往是最高的，也是企业活力的真正源泉。做好青年员工的管理，是企业日常工作的重中之重。

每一代年轻人看似相同，却因为被打上了显著的时代烙印，从而在不同领域表现出或大或小的差异。重视这些差异，尊重独立个体，优化管理策略，是每一位管理者的必修课。作者从实际出发，结合经典的管理理论以及生动活泼的案例，给出了独到的思考方法和实施路径。本书对企业管理者和教育工作者都大有裨益。

——孙辉

Kernel Ventures 管理合伙人

这本书为现代企业家提供了一把开启新一代员工心灵的钥匙。通过丰富的案例，企业家能够了解新新人类的所思所想、各种小情绪，理解并引领新新人类，助力企业打造一支全新的、能拉得出去的铁军。

——王志刚

连续创业者、中国计算机学会首届全国公益大使

浙江省社会工作与志愿者协会理事、浙江省衢州市青联委员

长三角小镇青年赋能中心创始人、漂流图书馆发起人

以人为本是人工智能时代的管理核心。陈晓璐博士的这本书深入解析“00后”员工特质，提出“尊重、理解、激励”的管理策略。书中理论清晰，案例丰富，为管理者提供了实用方法。无论企业家还是教育工作者，他们都能从中获得深刻启发，轻松应对“00后”员工，提升管理效能，打造高绩效团队。

——卢山

AIGOZOOM 创始人 &CEO（AI 应用）

名迪仕管理咨询创始人 &CEO（采购供应链）

采购供应链资深专家、欧洲采购商学院教授

畅销书《每句话都值钱》《每一步都精进》作者

本书切中了当下职场的热门话题——如何管理"00后"员工，激发其内在，共同创造价值。陈晓璐教授作为代际管理研究的资深专家，不仅深入剖析了"00后"员工的性格特点、价值观和工作习惯，还提出了许多实用的管理策略和建议。

作为职场老人，这本书帮助我找到了一把钥匙，不仅实用，而且具有可操作性，轻松地打开管理"00后"员工的大门。

——孙语诗

世界500强企业资深营销培训管理

这是一本极具现实意义的管理学图书，它深入探讨了如何有效地管理和激励"00后"员工。随着"00后"逐渐步入职场，这一代人的独特性格、价值观和期望给传统的管理模式带来了新的挑战。对于企业管理者、人力资源从业者以及对跨代际管理感兴趣的人来说，这本书无疑是一份宝贵的参考资料。阅读本书，读者将能够更好地理解和应对"00后"员工带来的管理挑战，从而提升企业的整体绩效和竞争力。

——安娜

管理学博士、嘉兴大学商学院副教授

高能量，是我对晓璐老师的第一个印象。未见面前，每次电话沟通，她总能传递给我一个能量饱满、阳光积极的状态，让我感受到她的内心很强大。即使硬仗连连，她也斗志不减。

高效率，是我对她的第二个印象。第一次见到晓璐老师是一起交付培训，外表美丽优雅，工作、生活处处敏捷高效，任何事在她手里都会变得井井有条。她对效率的重视，还反映在信息传递上，可以这一秒处理完的事，绝不会拖到下一秒。

系统化，是我对她的第三个印象。对新生代领域，她有自己独到的见解，课程设计系统化，这代表着一种逻辑思维习惯，更代表她在这个领域的功力。

和晓璐老师合作很踏实，因为她总是在学习新的东西、接受新的挑战，永远情绪稳定。

最后，用一句新近读到的话形容新生代管理：别领我行，别跟我走，在我身旁，做我挚友。

——井甜

天津智海博闻企业管理咨询创始人

仅看目录，就已被深深吸引。“00 后”出手“整顿”职场，额头上已经开始流汗。结合选、用、育、留的方式来领导“后浪”伙伴们，非常系统：选，如何第一时间找到对的人；用，如何与“00 后”高效沟通；育，如何培养新人和带教员工；留，如何让员工像热爱打游戏一样热爱工作。你是不是对如何领导“后浪”充满了好奇，赶紧翻开这本书吧，咱们一起感受“后浪”的力量。

——沈思冉

迅佰汇人才发展顾问

跨代际管理是企业管理中非常关键又颇具挑战性的课题。本书提供了大量案例和系统化的解决方案，角度新颖，针对性强，便于落地实操，是管理者打造高业绩团队的必备手册。

——赵冰

当当第九届影响力作家、中央人民广播电台《经济之声》栏目特邀嘉宾

香港大学 MBA、《成为讲书人》作者、资深企业管理专家

近年来，“‘00后’整顿职场”“‘00后’热衷购买军大衣”等话题引发热议。这些话题都向我们传递着一个信息：“00后”是全新的一代，他们的价值观、消费观、人际关系等均与我们不同。在我与“00后”的接触中，常常惊讶于他们的大胆、多元和创造性。我时常想，当他们步入职场后，还能这样自由而大胆吗？我期待他们能在更好的职场环境中发挥创造力，也期待他们的大胆、多元能够为企业注入活力。双向奔赴，相互成就，能实现吗？来读晓璐的这本书吧，或许你会找到答案。

——虹贝

资深媒体人、小红书“悦己指南”主理人

“00后”能更轻松地应对更多的变数，有胆识，思维速度快。未来会为社会做出更多新的、质的贡献。

——魏泽楷

微博千万粉丝网络博主、微博名人堂博主、上海市新联会会员

上海市普陀区新联会副秘书长

说真的，读这本书的时候，我就被击中了，上班不如上香，加薪我选开心。这个职场观真的是我们“00后”的心声，一下子就爱上啦！太懂“00后”了，这才是真的“永远的神”（YYDS）。

——欧阳王子

上海大学2022级工业工程专业学生

目录

Contents

第一章　对话有力：相比新生代员工，我更担心的是管理者

第一节　代际矛盾，“00后”出手“整顿”职场　/ 002 /

第二节　时代巨浪，新生代热衷新业态　/ 008 /

第三节　了解后浪：“00后”的职场期待与价值观　/ 014 /

第四节　文化差异，不得不学的“00后”网络用语　/ 021 /

第五节　管理升级，新质生产力的关键驱动力　/ 029 /

第二章　挖掘潜力：如何第一时间招到对的人

第一节　招错一人，用工成本遭遇大损失　/ 038 /

第二节　避坑指南，校园招聘的五个误区　/ 045 /

第三节　第一渠道之校园招聘的三个步骤　/ 051 /

第四节　慧眼识人，校园招聘面试的四种形式　/ 059 /

第三章　提升才力：如何快速让职场新人成为合格员工

第一节　自作主张，实习生给公司造成巨大损失　/ 069 /

第二节　进阶之道，职场新人必备八大素养　/ 077 /

第三节　意识转换，三招让职场新人快速职业化　/ 085 /

第四节　职业标准，不同时期如何考核职场新人　/ 090 /

第四章　锻造内力：如何带教和培育员工

第一节　不懂带人，你凭什么做管理者　/ 100 /

第二节　标准模板，带教员工的三个必备工具　/ 108 /

第三节　任务升级，培育员工的三个步骤　/ 117 /

第四节　梯队建设，人才培育案例分析　/ 126 /

第五章 激发活力：如何让员工像热爱打游戏一样热爱工作

第一节 真的可以让员工像热爱打游戏一样热爱工作？ / 133 /
第二节 模式对比，传统激励与游戏化激励的三个不同 / 140 /
第三节 重塑岗位，游戏化激励四步法 / 145 /
第四节 缺一不可，游戏化激励关键三要素 / 151 /
第五节 案例解析：名企如何进行游戏化管理 / 157 /

第六章 职场合力：四代同企，跨代际团队如何高效沟通

第一节 职场冲突，减少代际矛盾的三个办法 / 166 /
第二节 行为解析，三招防止员工躺平 / 173 /
第三节 对内沟通，三招实现跨代际高效融合 / 178 /
第四节 性格工具，不同个性新生代如何沟通 / 184 /
第五节 对外沟通，三招轻松抢占年轻人市场 / 192 /

第七章 用好能力：如何进行跨代际管理

第一节 变革前沿，管理者晋升年轻化 / 199 /

第二节　做好本职，如何三招辅佐年轻上级　/ 207 /
第三节　尊重前辈，如何三招管理年长下属　/ 213 /
第四节　平级交流，跨代际团队如何互相学习　/ 219 /

第八章　留住人力：如何留住人还能留住心

第一节　以人为本，如何三招防止人才流失　/ 228 /
第二节　制度留人，如何三招留住蓝领人才　/ 237 /
第三节　愿景留人，如何三招留住高学历人才　/ 243 /
第四节　福利留人，如何三招提升员工满意度　/ 249 /
第五节　情感留人，如何三招为员工提供情绪价值　/ 254 /

第一章

对话有力：相比新生代员工，我更担心的是管理者

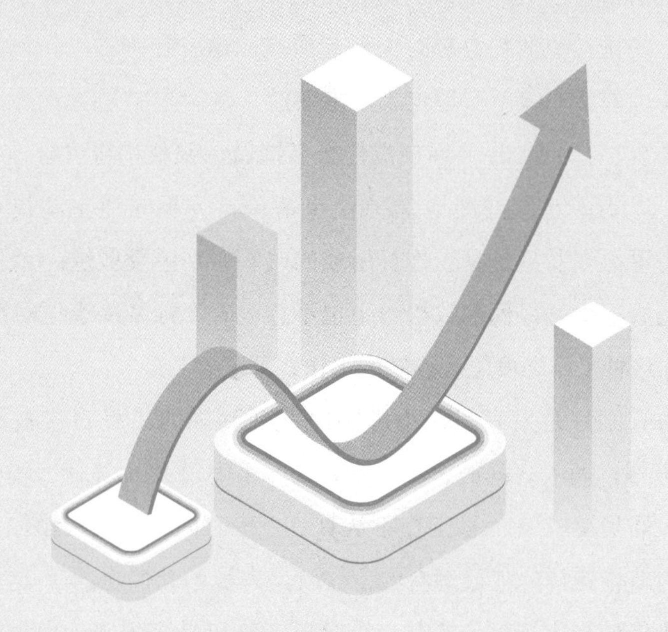

第一节　代际矛盾，"00后"出手"整顿"职场

2023年，一名23岁的"00后"江西小伙小港因被领导爆粗辱骂后未得到道歉，一纸诉状将上司刘某告上法庭，要求刘某公开道歉并赔偿精神损失。事情的起因是这样的：某日，小港的手头没什么工作安排，他便在办公时间玩起游戏。这一行为被上司刘某逮了个正着。刘某一脸严肃地走到小港面前，责问道："你怎么在工作时间玩游戏？"小港说："现在没什么事情做，我就稍微放松一下，怎么了？"刘某怒气冲冲地说："没事情做？你不知道主动找事情做吗？公司给你发工资是让你打游戏的吗？"小港反驳道："我平时的工作完成得很好，偶尔放松一下也不行吗？"刘某冷漠地回答："不行！你这种工作态度怎么能做好工作？赶紧滚！"

当天刚好是发薪日，小港随即发现到手的工资直接被扣除了2000元钱。两人之间的矛盾再度升级。小港说："你凭什么扣我的工资？"刘某辩驳道："你工作不认真，上班时间打游戏，扣你工资是应该的。**你这样的人最适合的工作就是去坟场念悼念词**。"这句话引起了小港的极大愤怒。于是，小港以人格权受到损害为由，向某市人民法院递交了上诉状，请求法院判决刘某当着公司所有员工的面，

正式公开向自己道歉，并进行赔偿。最终，法院审理后认为，刘某因工作问题辱骂原告小港，属于侵害其人格权，刘某对小港使用“你这样的人最适合的工作就是去坟场念悼念词”这种明显具有侮辱性的语言进行评价亦属于侵害原告的人格权，判决刘某在微信群公开道歉，不少于50字，并赔偿小港100元精神损失费。

年轻人是一只不受拘束的野兔，会跳过老年人所设立的理智的藩篱。

——莎士比亚

从小港的故事中，我们可以发现，不同年代的人面对职场的不公平对待时，反应的确有所不同。“00后”更追求公平正义，且不易妥协，这与多方面因素密切相关。从时代背景来看，“00后”成长于信息高度发达的时代。通过互联网，他们能迅速了解到各种社会现象和公平正义相关话题，信息的便捷获取使他们对公平有了更清晰的认知和更高的追求。家境大多优越，父母为他们提供了相对良好的物质基础和教育资源，使他们有底气追求公平正义，不必因经济压力而轻易屈服。社会文化方面，现代社会倡导平等、公正、法治的价值观，“00后”在这样的文化氛围中成长，深受其影响。同时，社会对个人权利的重视程度不断提高，鼓励人们勇敢维护自身合法权益。这也塑造了“00后”追求公平正义、不轻易妥协的性格特点。

“70后”“80后”在遭遇职场不公平待遇时多选择忍气吞声，在他们成长的年代，社会经济发展相对缓慢，就业机会有限，工作的稳定性至关重要。教育方面，传统教育观更强调服从和集体利益，个人权益意识相对淡薄，更注重等级观念和权威，强调对上级的尊重和服从，背负较重的家庭责任，如赡养老人、抚养子女等，担心反抗会失去工作，影响家庭经济状况。这些因素综合作用，导致他们面对职场不公平现象时，更多地选择沉默和忍受。

对于直接面对一线员工的管理者来说，挑战无疑是巨大的。如何理解并适应新生代的思维方式和工作需求，如何在尊重他们个性的同时实现有效的团队管理，是摆在管理者面前的一道难题。但正是这种差异和挑战，为企业带来了创新和变革的机遇，促使管理者不断提升自身的管理能力。

虽说“‘00 后’出手整顿职场”已经成为热梗，但这背后真正反映的是他们对文明、公平的职场环境的追求。并非每个年轻人都想颠覆职场，他们其实真正想整顿的是不公平的薪酬体系，即付出与回报不成正比；僵化的晋升机制，能力出众却因论资排辈而难以晋升；复杂且无意义的工作流程，不仅耗费精力还无法创造价值；职场中的各类歧视，如性别歧视、学历歧视；过度的加班文化，严重挤压个人的生活空间，以及职场内卷等。

代际矛盾随着社会巨变而产生，因价值观念、生活态度及行为方式等不同，差异被放大。我们通过“70 后”的老张和“00 后”的小李在以下三个方面不同的行为与理念来展示代际差异。

1. 关于工作方式，即习惯传统的工作方式与倾向高效灵活的方法的矛盾。

“70 后”的老张习惯每天第一个到公司，先整理好办公桌，然后按照既定的工作流程，有条不紊地开始一天的工作。他喜欢用传统的笔记本来记录工作事项和重要信息，对于新技术和新工具的接受相对较慢。他不喜欢做出改变，喜欢按照原有的流程，按部就班地执行。比如文件资料，他会打印出来，逐页翻阅并认真批注。他认为这样才能更深入地理解和把握内容。老张非常注重层级关系，习惯听从上级的明确指示后再行动。对于工作的质量，他有着近乎严苛的标准，宁愿花费更多时间和精力反复检查和完善，也不愿为了追求速度而降低品质。在他看来，脚踏实地、按部就班是确保工作顺利完成的可靠方法。

“00后”的小李每天卡着点到公司，熟练运用各种办公软件和在线工具提高工作效率。他用思维导图软件如XMind来梳理思路，用在线协作平台如飞书进行团队交流，以及使用印象笔记整理资料。获取信息时，他熟练运用搜索引擎如百度、谷歌，以及专业数据库网站。学习上，他喜欢通过在线课程平台如网易云课堂、腾讯课堂进行自我提升，还会在知识付费平台上购买相关课程。工作中，他追求高效灵活，比如利用视频会议软件与异地同事迅速沟通，通过共享文档实时协作。有新想法时，他会立刻通过即时通信工具向领导汇报，不拘泥于传统流程，善于借助新技术、新方法解决问题，为团队带来了创新活力。

2. 关于职业目标，即追求稳定与注重未来发展的差异。

“70后”的老张，已入职某公司20年。他坚信，稳定的工作是家庭安稳的基石。老张将踏实工作视为准则，兢兢业业，从基层岗位一步步做起。他认为，稳定的工作能让自己有更多的时间陪伴家人，见证孩子的成长，照顾年迈的父母，工作是为了承担家庭责任，保障生活安稳。20年间，也有过其他公司为老张提供工作的机会，承诺更高的薪资和更诱人的职位，但他都选择了拒绝。在他看来，本单位虽然薪资一般，但工作环境熟悉，最重要的是稳定，让他感到安心。

“00后”的小李在选择工作时就倾向于新兴行业，比如短视频和直播行业、电子竞技行业、人工智能行业、新能源行业等。他渴望在工作中快速展现自己的能力，迅速获得公司认可和职位回报。他期待工作具有一定的挑战性和创新性，能够不断激发自己的潜能。对于工作环境，小李更倾向于开放、平等、灵活的氛围。他注重个人兴趣与职业的结合，希望在工作中实现自我成长的同时，也能保持生活的丰富多彩，不愿被单一的工作完全占据个人的时间和空间。

3. 关于沟通风格，即含蓄表达与直接表达的差异。

在一次项目讨论会上，对于同事提出的方案，"70后"的老张持有不同意见。他先是认真倾听同事的阐述，然后面带微笑，温和地说道："你这个方案啊，整体思路还是不错的，有不少值得借鉴的地方。不过呢，我觉得在某些细节上，或许可以再斟酌下。比如这部分的成本预算，可能稍微偏低了，实施起来或许会有些难度。"

同样是在项目讨论中，"00后"的小李对同事的方案有不同想法。他会直截了当地说："我不同意这个方案，这个方案市场定位不准确，根本没有抓住目标客户的需求，而且执行步骤太烦琐，效率太低，按照这个方案做，很难达到预期效果。"

以上不同代际间处理问题的不同方式，深刻揭示了职场中诸多待解的矛盾，让我们清晰地了解到不同代际员工在思想理念与工作方式上存在的差异。这不仅有助于我们对职场有更全面、深刻的认识，更促使职场管理者反思自身的认知与行为。管理者应以此为契机，更新陈旧观念，改变不当行为，以更加积极、灵活和包容的心态构建一个和谐、高效且富有活力的职场环境，实现个人与集体的共同发展。

小作业

代际矛盾由哪些因素引起？（　　）

A. 价值观念

B. 生活态度

C. 行为方式

D. 以上都是

答案：D

第二节　时代巨浪，新生代热衷新业态

要顺势而为，不要逆势而动。

——雷军

新业态如同一股强劲的旋风，为新生代人才的求职和创业创造了无尽的潜力。新业态以其创新性、多样性和发展潜力，成为年青一代追逐梦想的新舞台。对于新生代人才来说，新业态公司具有强大的吸引力。互联网、人工智能、区块链等领域的崛起，为他们提供了广阔的发展空间。这些公司充满创新氛围，鼓励年轻人展现自我，发挥创造力。

新生代人才渴望在这样的环境中工作，不仅仅是因为能接触前沿技术和理念，更是因为新业态公司大多实施扁平化管理，具有开放的文化，能让他们感受到更多的自由和尊重。除了求职外，新生代人才也热衷于创业，善于捕捉新的商机，利用新技术和新模式，打造出具有独特竞争力的产品和服务，勇敢地挑战传统，追求自我实现。

一、人工智能迭代，“00 后”了解的可能比你多！

根据教育部公布的数据，目前全国有 498 所高校开设了“人工智能”本科专业，209 所高校成功备案或申报“智能科学与技术”本科专业。作为一个新兴的专业领域，人工智能专业吸引了大量学生的关注和报考。人工智能专业毕业生可以从事智能系统开发、数据分析、机器学习等工作，就业前景较好。在薪资待遇上，人工智能相关岗位的平均薪资也高于其他技术领域的岗位。人工智能是一门新兴学科，旨在让计算机模拟人类智能。它基于算法和数据，可实现学习、推理和决策等功能，通过处理海量数据，人工智能能够识别模式、预测结果，并执行复杂任务。其应用广泛，涵盖医疗、交通、金融等领域。人工智能的运用包括但不局限于以下行业。

医疗行业

疾病诊断：通过分析大量医疗数据，辅助医生进行疾病的诊断。

药物研发：加速新药的研发过程。

医疗影像分析：帮助医生更准确地解读影像结果。

如某医院采用人工智能技术，为患者提供个性化医疗服务，系统分析患者的病史、症状和检查结果，快速、准确地诊断疾病，根据患者病情推荐最佳治疗方案。医生可通过智能影像识别系统，更精准地识别病灶，提高诊断准确率。人工智能还可用于医疗机器人，为患者提供送药、护理等服务，提高医疗效率，减轻医护人员的工作压力。

金融行业

风险评估：对投资风险进行分析和预测。

客户服务：提供智能客服，提高服务效率。

市场预测：预测市场趋势，为决策提供依据。

如某知名银行引入了一套智能客服系统。客户可以通过银行的手机应用或网站与智能客服交互。当客户有疑问时，如查询账户余额、交易历史或了解某项产品的细节，他们不再需要长时间等待人工客服的接听，而是可以立即与智能客服交流。智能客服还可以根据客户的交易历史和偏好，提供个性化的金融服务建议。通过使用人工智能客服系统，该银行能够提高服务效率和质量，为客户提供更加便捷、个性化的金融服务。

- **教育行业**

个性化学习：根据学生特点和需求提供个性化的学习方案。

智能辅导：解答学生问题，提供学习支持。

教学评估：对学生的学习情况进行评估和反馈。

如某教育机构引入人工智能，实现教学创新。通过开发智能教学系统，根据学生特点和学习情况，提供个性化的学习计划和课程内容。系统能实时监测学生学习进度，自动调整教学难度和节奏。教师通过人工智能分析学生的作业和考试数据，精准发现问题，有针对性地进行辅导。在线上课堂，智能助手回答学生问题，提高教学效率。此外，该机构还利用人工智能评估学生的学习成果和能力，为他们的升学和职业规划提供参考。

智联招聘《2024年春招市场行业周报》显示，智能工程师是最有“钱”景的职业，也是平均招聘月薪超过2万元的“唯二”职业。随着人工智能技术的迅速发展，越来越多的高校开设了相关专业。它通常会提供系统的课程体系，涵盖人工智能的核心概念、技术和应用，涉及机器学习、深度学习、自然语言处理、计算机视觉、数据分析等内容。在工具使用方面，新生代人才擅长使用各种人工智能工具，如自然语言处理、机器学习、深度学习等，能够利用这些工具进行数据分析、模型训练和应用开发，为人工智能的发展做出贡献。

二、生成式人工智能横空出世，“00后”熟悉的可能比你多！

生成式人工智能是一款基于人工智能技术的自然语言处理模型，它的发展可谓迅猛且具有深远影响。自诞生以来，生成式人工智能在语言理解和生成方面取得了巨大的突破。通过大量的数据训练和先进的算法，它能够理解和生成极其自然与流畅的语言，它的发展使得人机对话变得更加自然和智能化。用户可以与生成式人工智能进行流畅的对话，获取各种信息和答案，在各个领域得到广泛应用。比如，在客户服务中，它可以自动回答常见问题，提高服务效率；在教育领域，它可以作为智能辅导工具，为学生提供帮助。

蛋蛋作为一名充满活力与创新精神的“00后”，就职于某集团公司。公司在处理客户需求和市场调研时，常常耗费大量人力，花费较多时间，成本居高不下。蛋蛋留意到这一问题后，决定借助生成式人工智能技术来改变现状。他深入学习了生成式人工智能的功能特点和使用方法，然后将公司过往的销售数据和客户反馈输入模型中，通过不断调整和优化提问方式，获取了有价值的市场趋势分析和客户需求洞察。接着，蛋蛋利用生成式人工智能生成初步的销售文案和客户沟通话术，再结合自己的专业判断进行完善，大大提高了工作效率。在与客户沟通时，他借助生成式人工智能快速、准确地回答客户的疑问，提升了客户满意度。蛋蛋还通过生成式人工智能对潜在客户进行精准筛选和分类，为销售团队提供了更有针对性的销售线索。蛋蛋的努力为公司节省了大量的人力成本和时间成本，提高了销售业绩，为公司带来了显著的收入增长。公司对蛋蛋的创新举措给予了高度赞扬和奖励，他也成为全公司同事学习的榜样。

三、直播电商与新媒体，“00后”擅长的可能比你多！

随着互联网的蓬勃发展，电子商务、直播和新媒体等行业正呈现出前所未有的发展趋势。在这个数字化时代，它们相互交融，共同塑造着商业世界的新格局。电子商务作为传统商业模式的变革者，已经从早期的单一线上购物发展成为涵盖各种消费场景的综合性平台。其便捷性、多样化的商品选择以及个性化的推荐，使消费者享受到了更加优质的购物体验，直播的兴起也为电商行业注入了新的活力。

通过实时互动，直播主播能够生动地展示商品，激发消费者的购买欲望。这种形式不仅增强了消费者的参与感，还提升了销售效率。人工智能、大数据等技术的应用，使得精准营销和个性化服务成为可能。社交平台、短视频平台等，成为信息传播的重要渠道。品牌和商家能够通过这些平台与消费者进行更紧密的互动，提高品牌知名度和产品销量。这些行业的特点包括便捷性、互动性强、信息传播快速、消费体验优化等。它不仅满足了消费者对于多样化、个性化的需求，同时也为企业提供了更广阔的市场空间。未来，这些行业有望继续融合发展，创造更多的商业机会。企业也需要不断创新，紧跟行业发展趋势，以适应不断变化的市场环境。

“00后”员工小张在一家公司的市场部工作。面对激烈的市场竞争，小张决定充分利用新媒体工具为公司打开新局面。他深入研究了各大社交媒体平台的特点和用户画像，选定几个与公司产品受众高度重合的平台重点发力。运用短视频平台，小张制作了一系列生动有趣、富有创意的产品展示视频，吸引了大量用户的关注。同时，他借助直播工具，亲自上阵进行产品讲解和演示，与观众实时互动，解答他们的疑问。通过这种方式，小张增加了用户对产品的了解和信任。小张还利用社交媒体的广告投放功能，进行精准营销。根据用户的浏览习惯和兴趣爱好，小张将公司的产品推送给潜在客户。在小张的努力下，公司产品的曝光度大幅提升，线上销量持续增长，市场份额不断扩大。他的创新举措不仅为公司带来了显著的经济效益，还提升了公司的品牌知名度和影响力，为公司在市场竞争中赢得了更多的主动权。

小作业

人工智能可以运用于以下哪些行业？（　　）

A. 医疗行业

B. 金融行业

C. 教育行业

D. 以上都是

答案：D

第三节 了解后浪：“00后”的职场期待与价值观

小杰，一名充满朝气、很有个性的“00后”，名校计算机专业研究生，应聘行业内颇具声望的某互联网公司年薪50万元的工程师岗位。经过多轮笔试、面试，小杰凭借扎实的专业知识和出色的表现，进入了面试的最后一轮。

当面试官问他能不能接受管理者脾气暴躁，经常对员工发火时，小杰毫不犹豫地抬起头，眼神坚定地看着面试官，说道：“我宁愿接受一份薪资较低的工作，也不能接受领导经常对我莫名地发火。”他接着详细阐述了自己的观点。他说在之前的实习经历中，曾遇到过一位脾气暴躁的老板。那段时间，自己的工作状态受到极大的影响，每天都处于紧张和压抑之中，工作效率大幅下降，长期失眠，屡次去医院做心理治疗。

尽管这个岗位难得，薪资也很丰厚，但小杰却认为，一个和谐、尊重和积极的工作环境对他来说是至关重要的。他不想因为高薪资而牺牲自己的工作心情和生活质量。最终，小杰坚定地放弃了这个机会，接受了另一个薪资较低，但企业文化更符合他的价值观的公司。他相信，只有在一个心情愉悦的工作环境中，才能真正发挥自己的潜力，实现自己的职业目标。

职场价值观是个人在职场中秉持的一系列信念和准则。它是个体对于工作意义、职业目标、工作态度，以及对同事、领导和组织关系的看法和评价标准。职场价值观影响着人们对工作的选择、职业发展的方向，以及在工作中的行为表现。它包含多个方面，如追求职业成就、重视团队合作、注重工作与生活的平衡等。

具有明确职场价值观的人，才能更好地作出决策，保持工作动力，并与同事和领导建立良好的关系。职场价值观也反映了个人对职业的期望和追求，有助于个人在工作中获得满足感和成就感。职场价值观并非固定不变，它会随着个人经历和职业发展而有所变化。

在职场中，不同年龄段的人往往有着不同的价值观。比如，“70后”注重稳定和责任，他们通常会坚守岗位，默默付出，以忠诚和勤奋为职场价值观的核心。其行为表现为对工作任务的高度负责，服从安排。“80后”追求平衡与成长，他们努力在工作与生活间找到平衡，同时渴望通过自身努力获得晋升。他们的行为表现为积极提升自身能力，为团队的稳定发展贡献力量。“90后”强调自我实现和创新，他们敢于挑战传统，提出新想法。其行为常是主动参与项目创新，追求个人价值的最大化。“00后”更注重公平和兴趣，若工作环境不公平或与兴趣不符，他们可能会果断选择改变。他们在工作中会更直接地表达诉求，追求工作的乐趣和意义。

一、关于职场，听听“00后”的街头采访心里话

“00后”眼里的职场是什么样子的呢？基于这个问题，我们随

机采访了5位"00后"朋友，他们是这么说的。

"00后"A：嘿嘿，我觉得职场就像一个升级打怪的游戏副本。我期待在里面遇到一群志同道合的小伙伴，大家一起组队刷任务，然后解锁各种成就和奖励！我要找一个有趣又有挑战性的工作，每天都充满活力！

"00后"B：职场，那是我展现实力的舞台啊！我要穿着得体的职业装，像《理想之城》《精英律师》《创业时代》里的职场精英一样，在自己的领域里大放异彩。我要成为职场里的顶流，哇哈哈！

"00后"C：职场就是我的梦想舞台呀！我要在上面尽情发挥才能，和同事们共同演绎一场精彩的职场大戏！

"00后"D：职场呀，是一个可以收集宝贵经验和知识的地方！我要努力收集，打造属于自己的辉煌王国！

"00后"E：哇噢，职场就是一个可以享受美食和快乐的地方呀！终于可以不用向妈妈要零花钱了，我要和同事们一起分享美食，在轻松愉快的氛围中工作，说不定还能创造出独特的工作方式呢……嘻嘻！

在"00后"的眼中，职场是一个能实现个人价值，又能享受工作过程的地方。他们追求的是一个公平、透明且充满活力的环境。对于"00后"来说，职场应当尊重个体的独特性，激发其创造力，给予他们充分展示自我的机会，而不是被刻板的规则和层级所束缚。他们渴望能与领导平等交流，期待自己的声音被听到、意见被重视。"00后"眼中的理想职场，更注重工作与生活的平衡，拒绝无意义的加班和过度消耗。他们重视工作的价值和意义，更倾向于从事自己感兴趣且能带来成就感的工作。他们也希望团队氛围和谐、合作开放，能与志同道合的伙伴共同成长进步。

二、搭子文化为什么盛行，看看“00后”的职场需求

美国心理学家亚伯拉罕·马斯洛提出的马斯洛需求层次理论是一个广为人知的心理学理论，在人员激励与引导工作中非常有用，可以帮助我们更好地理解一个人的行为方式。它包括以下五个层面，即生理需求（包括食物、水、空气、睡眠等基本生存需求）、安全需求（对安全、稳定和保护的渴望）、社交需求（包括友情、爱情、归属感等）、尊重需求（涉及自尊、认可和尊重他人的需求），以及自我实现需求（追求个人成长、发挥自身潜力和追求理想的需求）。

如何运用马斯洛需求层次理论这个底层逻辑逐一解析“00后”的职场需求？“00后”个体的需求会受到多种因素的影响而因人而异，比如所在城市、教育背景、家庭背景、兴趣爱好、经济基础、人生目标、个人性格、社会文化等，但就其整体而言，呈现以下特点。

生理和安全需求基本得到满足。随着生活水平的提高，他们更加注重生活品质。“00后”的父母大多经历了中国经济的快速发展时期，拥有一定的财富积累，能够为孩子提供较好的物质条件。这使得“00后”在经济上相对宽裕，对赚钱的紧迫感相对较低。社会文化也逐渐包容，并随着各类业态的发展，创造了更多新型就业岗位。这为“00后”提供了更广阔的发展空间。他们可以根据自己的兴趣和特长选择工作，而不仅仅是为了经济回报，更加注重个人的自我实现和内心感受。

社交需求强烈，他们渴望通过社交媒体和社交活动与他人建立联系与互动。社交需求指个体对与他人建立关系、互动交流的渴望。它源于人类的社会性，包含分享、认可等需求。通过社交，人们能增强自我认同感，获得情感支持与信息资源，满足自身在心理、情感等方面的需求，是个体在社会中生存与发展的重要驱动力。**基于社交需求，一种叫作“搭子”的新型社交关系在“00后”群体中流行起来。这是一种“浅于朋友，重于同事或同学”的特殊社交关系**，主打垂直细分领域的精准陪伴。

比如：

工作搭子，彼此协作，互相支持，共同完成任务，提高工作效率。

美食搭子，工作之余一起探索周边美食，享受美食带来的快乐，放松身心。

运动搭子，相约一起运动，保持健康的生活方式，增强身体素质。

学习搭子，互相鼓励，共同学习，提升专业技能，促进个人成长。

聊天搭子，闲暇时分享生活点滴，交流心情，缓解工作压力。

兴趣搭子，拥有共同的兴趣爱好，一起参与相关活动，丰富职场生活。

旅游搭子，规划假期，结伴旅行，增添生活乐趣。

“00后”的小李初入职场，在项目讨论时，他与工作搭子默契配合，高效完成任务；午休时，与美食搭子品尝周边美食，放松心情；下班后，又和运动搭子一起健身，保持健康。小李认为搭子是职场中的宝贵财富，他们不仅能为自己在工作上提供帮助，还丰富了自己的生活。搭子让他在陌生的环境中找到归属感，减轻了工作压力。他深知，每个搭子都有独特的价值，能带来不同的体验和收获。他珍惜每一个搭子，用心维护彼此的关系，期待在搭子的陪伴下，更好地适应职场生活。

尊重需求强烈，希望在职场和社会中获得认可和平等对待。《后浪》于 2020 年 5 月 3 日（五四青年节前夕）首播，是由哔哩哔哩推出的演讲视频。该视频中，国家一级演员何冰登台演讲，认可、赞美与寄语年青一代：“你们有幸遇见这样的时代，但时代更有幸遇见这样的你们。”该视频有力地反映了年轻人期望在社会上被尊重的心声，他们渴望在社会各个领域被平等对待，自身价值能得到充分认可。他们期盼社会能够摒弃偏见与歧视，以开放、包容的态度接纳他们。他们憧憬自己的观点和选择能得到尊重，而非被轻易否定。

自我实现需求强烈，注重个人发展和自我实现，追求兴趣和理想。自我实现是指个体通过充分发挥自身潜能，追求并达到自我理想和人生目标的状态。它是一种个人对自身能力、价值观和兴趣的认知与实践。其特点包括：发掘内在潜力，追求个人独特性和真实性，以自我认同为基础，设定并努力实现有意义的目标，关注个人成长和发展，不断提升自身素质和能力，在实现自我的过程中获得内心的满足和平静。

例如，对于新入职的“00 后”软件工程师，笔者授课的某科技公司精心设计了一系列多样化的任务，旨在帮助这些员工迅速成长为行业内的骨干力量。入职初期，公司会安排这些新员工参与已有成熟项目的维护工作。在这个过程中，他们能够接触到实际的业务场景，了解整个软件系统的架构和运行逻辑。资深工程师会耐心指导，传授处理常见问题的经验和技巧，帮助新员工迅速熟悉业务流程，打下坚实的基础。

公司还会安排他们参与前沿技术的调研任务，研究新技术在公司业务中应用的可能性。这极大地拓宽了他们的技术视野，使他们能够紧跟技术发展潮流，为公司的技术创新贡献智慧。为提升他们的综合能力，公司鼓励新员工在内部技术分享会上作主题分享，这要求他们对自己的研究和实践成果进行深入总结和清晰表达。通过与同事的交流和互动，他们不仅锻炼了沟通能力，还能从他人的反馈中获得新的启发。通过这一系列多样化且富有挑战性的任务安排，这些新员工在短时间内实现了快速成长，逐渐成为公司发展的中坚力量，为公司的持续创新和发展做出巨大的贡献。

小作业

关于“00后”群体中的搭子文化，以下描述正确的是（　　）。

A. 浅于朋友、重于同事或同学的特殊社交关系

B. 优于朋友关系

C. 等同亲戚关系

D. 等同路人关系

答案：A

第四节　文化差异，不得不学的“00后”网络用语

你和“00后”有代沟吗？

让我们通过一场网络用语考试来测试你和“00后”之间的代沟程度。

以下共19题，每道题5分，请根据中文或英文词语，在表格右端写下解释。

词语	解释
1. nss	
2. dbq	
3. xswl	
4. zqsg	
5. nbcs	
6. cqy	
7. 求扩列	
8. 躺列	
9. 养火	
10. 弧	
11. ky	
12. 现充	
13. 语C	
14. 酷盖	

续表

词语	解释
15. nsdd	
16. Diss	
17. Duck 不必	
18. ball ball you	
19. 暴风吸入	

你的得分是：

答案：

1. nss：“暖说说”的缩写，指的是回复QQ空间中的“说说”。

例　A：“nss扣1。”B：“1。”

2. dbq：“对不起”的拼音缩写。

例　A：“dbq，我错了。”B：“没关系。”

3. xswl：“笑死我了”的拼音缩写。

例　A：“哈哈哈哈，这个笑话xswl。”B：“我也觉得很好笑。”

4. zqsg：“真情实感”的拼音缩写。

例　A：“这部电影描写得zqsg，深深地打动了我。”B：“我也哭了好几次。”

5. nbcs：英文“nobody cares”的缩写，意为没有人关心，没有人在意。

例　A：“我今天生病了。”B：“nbcs。”

6. cqy：“处Q友”的拼音缩写，意思是在QQ上交朋友并维持友谊。

例　A：“cqy的扫码关注微信号。”B：“好的，我会关注的。”

7. 求扩列：指请求扩充好友列表。

例　A：“这里是宇宙第一帅气微信号，求扩列。”B：“好的，我加你。”

8. 躺列：指“加了QQ好友不说话，只是在列表里默默‘躺’着”。

例　A:“你怎么躺列了？”B:“不好意思，最近比较忙，没有时间聊天。”

9. 养火：好友互动频繁的象征，QQ好友一直保持聊天会有火花，7天不间断有小火花，30天变大火花，每天保持互相至少发一条消息就是在“养火花”。

例　A:“我们一起养火吧。”B:“好啊，我每天都会和你聊天的。”

10. 弧：指“有事离开不回消息”，可以组词为“饭弧”“厕弧”“睡弧”“走路弧”，推测来自“反射弧太长”的说法。

例　A:“你怎么不回我消息？”B:“我刚刚在吃饭，弧了。”

11. ky：来源于日本，是日语的直译，意思是没有眼力见儿，不会看眼色，不会根据当时场上的气氛或者别人的脸色作出适合的反应，也有表达胡说八道等意思。

例　A:“你真是ky。”B:“对不起，我不是故意的。”

12. 现充：来源于日本网络论坛。主要是指在现实世界中生活得充实的人，全称是“现实生活很充实的人生赢家”。

例　A:“你今天去哪里玩了？”B:“我今天去公园了，现充了一天。”

13. 语C：是指语言cosplay（角色扮演），用语言模拟一个世界并进行角色扮演。

例　A:“我们来玩语C吧。”B:“好啊，你想扮演什么角色？”

14. 酷盖：英文cool guy的直译，意思是形容一个人很酷。

例　A:“你今天穿得很酷盖。”B:“谢谢，你也很漂亮。”

15. nsdd:“你说得对”的汉语拼音缩写。当遇到别人的看法和自己的看法相同时，你可以说这句话，表示认同对方的观点。

例　A:“你今天太帅了。”B:“nsdd。”

16. Diss：是英文单词 disrespect（不尊重）或是 disparage（轻视）的简写。

例　A:“他总是 Diss 我。”B:“别理他，他就是那样的人。”

17. Duck 不必:“大可不必”的谐音。

例　A:“你这样做 Duck 不必。”B:“好的，我知道了。”

18. ball ball you：意为“求求你了”。

例　A:“你能帮我个忙吗？”B:“ball ball you，我也很忙啊。”

19：暴风吸入：指快速地吃东西。

例　A:“你怎么吃这么快？”B:“我正在暴风吸入呢！”

网络用语是指从网络中产生或应用于网络交流的一种语言，包括中英文字母、标点符号、拼音、图标（图片）和文字等多种组合。这种组合，往往在特定的网络媒介传播中表达特殊的意义。在网络时代，网络用语作为一种独特的语言现象，呈现出多方面显著的特点，对企业管理有着不容忽视的影响。

网络用语具备简洁性、创新性、时效性、高传播性、强表现力的特点。简洁性上，以精练的词汇传递丰富的信息。这种高效的表达方式，契合了现代社会快节奏的沟通需求。对于企业管理者而言，在内部沟通和市场推广中运用简洁的网络用语，能提升信息传递效率，减少沟通成本。从创新性角度来看，不断推陈出新的词汇反映了社会的动态变化和创新思维。企业管理者若能敏锐捕捉这些新词汇，有助于把握市场的创新趋势，激发团队的创新能力。

时效性使网络用语紧密关联热点事件，迅速成为公众关注和讨论的焦点。管理者可借此及时了解社会舆论和消费者心态，为企业决策提供参考。高传播性是网络用语的又一重要特点，说明网络用语能在短时间内广泛传播。企业若巧妙运用网络用语进行品牌推广，能快速提升品牌知名度和影响力。强表现力让网络用语生动形象，更容易引发情感共鸣。管理者在与员工和客户交流时适当运用网络用语，能增强沟通效果，提升管理效能和客户满意度。这些特点使得网络用语在交流中具有独特的魅力和作用。它们丰富了人们的表达方式，适应了网络时代快速、简洁、多样的交流需求。

在当今社会，网络用语之所以广泛流行，背后有着多方面的原因。新生代追求个性的表达，他们渴望在茫茫人海中脱颖而出。网络用语为他们提供了独特的表达方式。比如“佛系”一词，体现了他们对待生活的一种随性和洒脱，也与时代特征相契合。

社交文化在新生代的生活中占据重要地位。网络用语成为他们融入特定圈子、结交志同道合朋友的桥梁。像“扩列”这种词，意思是扩充好友列表，代表着他们积极拓展社交圈的愿望。“圈地自萌”则反映了他们在自己喜爱的领域与志同道合的朋友交流互动的需求。通过这些网络用语，他们能迅速找到有共同话题和兴趣的伙伴，形成紧密的社交群体。

网络用语还极大地提高了交流效率，为交流增添了趣味。“996”简洁地概括了一种高强度的工作模式，“奥利给”充满激情地为彼此加油打气。它们不仅能快速传递核心意思，还让交流变得轻松有趣。

在快节奏的生活中，这些网络用语犹如润滑剂，缓解了人们的压力。同时，网络的便捷和普及，使得新的网络用语能够迅速传播，新生代更容易接受和使用，进一步推动了网络用语的流行。总之，网络用语已深深融入新生代的生活，成为他们表达自我、社交互动和提高交流质量的重要工具。

笔者授课的某制造业公司在内部沟通中积极引入网络用语，取得了显著成效。以往，管理层与年轻员工之间存在一定的沟通障碍，导致工作指令传达不畅。然而，当管理层开始使用"瑞思拜""奥利给"等网络用语与员工交流时，沟通氛围瞬间变得轻松活跃。员工们感受到了管理层的亲和力，工作积极性大幅提高，团队凝聚力也显著增强。这一转变表明，网络用语能够拉近员工距离，营造更加和谐的工作环境。在招聘宣传和日常管理中巧妙运用网络用语，如"打工人，打工魂""干饭人"等，使企业形象变得年轻、时尚。许多"00后"求职者因此对该企业产生兴趣，纷纷投递简历。企业成功招募到一批优秀的年轻人才，注入了新的活力。

再如，某科技公司通过研究网络用语，成功把握市场趋势。他们发现，网络用语中频繁出现的"智能家居""共享经济"等词语，反映了消费者对新兴科技产品和服务模式的关注。基于此洞察，公司及时调整研发方向，推出了一系列符合市场需求的创新产品，从而在激烈的市场竞争中脱颖而出。

在数字经济时代，对于企业而言，学习网络用语价值巨大。它能显著增强企业内部的沟通效果，让管理层与员工尤其是年轻员工交流更顺畅，拉近彼此距离，增强团队凝聚力。在市场方面，网络用语是把握市场发展趋势的灵敏触角，助力企业洞察消费者需求，及时调整策略。而且，它有助于吸引年轻人才，塑造年轻、活力的企业形象，增强对人才的吸引力。网络用语是企业发展的有力工具，新时代的管理者必须重视起来。但企业管理者在使用网络用语时，需特别注意以下 3 点。

1. 正式场合减少使用

企业管理者需注意，在正式会议中应谨慎使用网络用语。虽然网络用语在日常交流中富有活力，但正式会议讲究严谨和专业，过多使用网络用语可能导致信息传达不够准确、清晰，给人留下不稳重、不专业的印象。例如，在重要的商务谈判或决策会议中，使用“绝绝子”等网络词语，会削弱会议的严肃性。为维护企业形象，保证交流的精准性，管理者在正式会议场合应规范用语，表现出专业和成熟，从而赢得合作伙伴与员工的信任和尊重。

2. 理解内涵避免歧义

企业管理者学习网络用语，需要深入理解其内涵。网络用语丰富多样且更新迅速，若一知半解，使用不当，可能引发歧义与误会。比如“凡尔赛”，原指法国凡尔赛宫，现常用来形容不经意间透露出自己的优越生活，先抑后扬，明贬暗褒。若管理者不了解，可能会误解为与法国相关，从而造成交流障碍。在与年轻员工交流或市场推广中，正确使用网络用语能增强亲和力和吸引力，错误运用则可能影响管理决策和企业形象。因此，管理者应不断学习，理解网络用语的真正意义，避免因误用而产生不良后果，以促进企业良好发展。

3. 酌情使用避免盲目

企业管理者在对待网络用语时，应保持理性，而非盲目迎合。若企业行业、企业文化属于传统型，员工平均年龄较大，那就没必要为了追赶潮流而强行融入网络用语。因为这类企业通常更注重稳重、严谨的工作氛围和交流方式，其业务性质和客户群体决定了交流应更正式、规范。若盲目追求时髦，大量使用网络用语，可能会与企业固有形象和文化产生冲突，让客户感到不适，影响企业的专业性和可靠性。因此，企业应根据自身实际情况，审慎抉择。

小作业

以下不属于网络用语特点的是（　　）。

A. 简洁性：用简洁的字词或缩写表达丰富的含义，提高沟通效率

B. 创新性：不断创造出新颖的词汇和表达方式

C. 高传播性：通过网络迅速传播，被广泛接受和使用

D. 专业性和严谨性，适合正式或商务场合使用

答案：D

第五节　管理升级，新质生产力的关键驱动力

新质生产力是指创新起主导作用，摆脱传统经济增长方式、生产力发展路径，具有高科技、高效能、高质量特征，符合新发展理念的先进生产力质态。新质生产力是2023年9月习近平总书记在黑龙江考察调研期间首次提到的新的词语。2024年3月5日，李强总理在政府工作报告时也强调大力推进现代化产业体系建设，加快发展新质生产力。

当前的中国，以人工智能为代表的尖端技术，正在变革、重组生产要素。以智能制造、数字工厂、绿色工厂为代表的生产新模式，正在重塑传统产业。以新能源、新材料、高端装备为代表的战略性新兴产业，正在锻造更强的产业竞争力。与传统生产力形成鲜明对比，新质生产力是创新起主导作用，是摆脱传统经济增长方式、生产力发展路径的先进生产力，具有高科技、高效能、高质量特征。按照发展新质生产力要求，培育新型劳动者队伍，推动教育、科技、人才有效贯通和融合发展，打造与新质生产力发展相匹配的新型劳动者队伍，激发劳动者的创造力和能动性，是所有企业管理者都要重点研究的课题。

在新质生产力背景下，劳动者不再是固定于某一岗位，而是成

为一个更为复杂、多元、多变的因素，需要与劳动工具、劳动对象进行不断优化组合。新质生产力可以与企业人才管理进行以下五重融合，实现企业降本增效的目标。

一、以"新"为方向，打造人才发展第一梯队

在新质生产力的发展过程中，人才是创新的发起者、践行者，要紧盯"发展之需"，坚持"缺什么、补什么，用什么、招什么"的原则，做好精准引才、育才文章。"00 后"在创新方面具备显著的特点和潜力。他们处于互联网高度发达的时代，能迅速获取大量信息，对新技术和新理念的接受与运用能力极强，思维活跃，不拘泥于传统，能突破固有思维模式，提出独特的观点和创意。为了充分挖掘"00 后"的创新潜力，企业也需要进行相应的管理创新。这个新，体现在以下 5 个方面。一是理念新：引入先进的管理理念，如敏捷管理、人本管理等，以适应不断变化的市场环境。二是方法新：采用新颖的管理方法和工具，如数据分析、人工智能等，提高管理效率和决策质量。三是流程新：优化现有业务流程，消除冗余环节，提高工作效率和客户满意度。四是激励新：设计独特的激励机制，激发员工的积极性和创造力，提高员工的工作投入度。五是文化新：塑造创新的企业文化，鼓励员工勇于尝试、敢于创新，营造积极向上的工作氛围。

二、以"质"为标准，打造新质生产力持久动能

要激发新质生产力的内生动力，破解与市场资源、社会需求对

接渠道等难题，就需要促进更多创新人才成为新质生产力生成的引领者、推动者和见证者。企业可通过专业教育让人才了解所学专业的相关知识、课程要求、职业资格证书等，明确未来的发展方向。通过各种宣传，人才能时刻感受到创新创业的氛围，激发其创新创业的意识。企业要提供模拟业务培训，让人才在实践中提升创新创业的能力。通过实践锻炼，人才可以了解自身的不足之处，以便在后续的学习和工作中加以改进。通过业务考试，人才可以了解自己对所学知识的掌握程度，以便在后续的学习中有针对性地复习和提高。

三、以“强”为目标，打造产才融合发展高地

人才是创新的规划者与践行者，没有人才，再优的发展环境也是空中楼阁。新质生产力是创新能力的综合表现，没有创新能力，再宏伟的理想也只是水中月。例如，某物流公司与某高校合作，共同设置“物流匠造班”，旨在培养高技能物流人才。该班采用“1+1+1”的培养模式，分为三个阶段。

第一阶段：在校学习，学校为主，企业为辅。面向专业对口的大一学生，通过专题宣讲、企业参观、实地体验等，引导学生自愿选择进入“物流匠造班”学习。学生在校学习公共课及专业基础课程，企业开发“职业规划课”和“企业文化课”，并派遣企业辅导员住校，对学生进行职业规划引导。

第二阶段：在“物流匠造培训中心”学习，企业为主，学校为辅。培训中心由市教育局、区政府、企业与学校四方共建。物流公司配置了价值 1.2 亿元的生产设备用于实训教学，派遣 80 余名工程

师、工艺师作为专职实训教师，编写了70余门实训教材，涉及1万多个企业技能知识点。学生在这里学习专业理论知识，系统训练岗位操作技能，熟悉企业环境和文化，实操课时超过60%。

第三阶段：企业顶岗实习，工作与学习相融合。物流公司专门设置学徒岗位，配备岗位导师，让学生在真实的生产环境和工作实践中，进一步提升职业能力和素养。

通过这种产教融合的方式，学生可以在学校学习到理论知识，同时也可以在企业中进行实践操作，提高自己的专业技能和职业素养。企业通过这种方式能提前找到优秀的人才，并将产业与员工才能相融合，实现双赢。

四、以“用”为根本，打造人才发展最优生态

企业要用好人才评价指挥棒，加快建立以创新价值、能力、贡献为导向的人才评价体系，探索实行“企业举荐制”“人才积分制”等，分类推进人才评价机制改革，让更多有较大潜力的年轻人才脱颖而出。人才评价不仅可以识别优秀人才，为组织选拔提供依据，还能帮助个人了解自身优势与不足，明确发展方向，促进人才的合理配置和有效利用。

在人才管理体系中，积分制是一种常见且有效的管理方式。其形式通常是为员工的各类工作表现和成果设定相应的积分标准。例如，出色完成项目可获得较高积分，提出创新想法、积极参与团队协作等也能获取一定积分。积分制的原理在于通过量化员工的工作表现，直观地反映其贡献和价值。这不仅能激发员工的积极性和竞争意识，还为企业提供了清晰的评价依据。积分累计到一定程度，

可用于兑换奖励、晋升机会等，使员工的付出得到明确的回报和认可，从而提升整体工作效能。

积分制可以提高员工的工作积极性和创造力，提升公司的业绩和竞争力。例如，某游戏公司是一家专注于手机游戏开发和运营的企业。公司成立于5年前，目前拥有100名员工，包括游戏策划、程序开发、美术设计、运营推广等多个部门。为了提高员工的工作积极性和创造力，公司引入了积分制人才管理方式，根据不同的岗位和工作内容，为每个员工设定了相应的积分标准。例如，游戏策划人员每完成一个游戏项目可以获得100积分，程序开发人员每修复一个漏洞可以获得50积分，美术设计人员每完成一个游戏角色设计可以获得80积分，运营推广人员每成功推广一款游戏可以获得120积分。员工可以通过累积积分来兑换各种奖励，包括现金、礼品、旅游等。例如，1000积分可以兑换500元现金，2000积分可以兑换一部手机，3000积分可以兑换一次出国旅游机会。公司每周会公布员工的积分排名，排名靠前的员工会得到额外的奖励和表彰。例如，每周积分排名第一的员工可以获得1000元现金奖励，每月积分排名第一的员工可以获得一部手机奖励。

通过实施积分制人才管理方式，员工为了获得更多的积分和奖励，更加努力工作，积极创新。由于员工的工作效率和质量得到了提高，公司的游戏项目开发周期缩短，游戏品质得到提升，用户满意度也得到提高，人才流失率得到了有效控制。

五、以“留”为基础，打造人才发展温馨家园

企业要营造“近悦远来”人才生态，聚焦人才需求敏感点，在

安居、医疗、子女教育等方面下功夫，让人才无后顾之忧。例如，某知名企业为吸引年轻的海外高学历人才，提供了一系列优厚政策。在安居方面，不仅提供舒适的员工宿舍，还给予无息或低息贷款，助力人才购房安家。在医疗方面，除了基本医疗保险外，还为人才及其家人提供高端医疗服务。对于子女教育，企业积极协助其子女入学，不仅推荐优质学校，还提供教育津贴。此外，企业设立专门的培训部门，为人才提供持续的职业发展支持，安排行业专家进行指导，助力他们不断提升。这些政策使企业成功吸引了众多海外高端人才，为企业的发展注入了新的活力。

对于企业而言，留住人才具有极其重要的意义。优秀的人才是企业发展的核心动力，他们拥有专业知识、创新思维和丰富经验，能为企业带来独特的竞争优势。人才的稳定有助于保持企业运营的连贯性和高效性。熟悉业务的员工能够更熟练地处理工作，减少因人员变动导致的效率低下和经营失误。留住人才还能降低招聘和培训新员工的成本。频繁的人员流失意味着企业需要不断投入时间和资源来寻找和培养新员工，这无疑是一种巨大的消耗。

小作业

人才评价的作用是（　　）。

A. 识别优秀人才，为组织选拔提供依据

B. 帮助个人了解自身优势与不足，明确发展方向

C. 促进人才的合理配置和有效利用

D. 以上都是

答案：D

本章小结

在本章中，我们深入探讨了代际差异在职场中的体现。不同年代的人，由于成长背景、教育环境和社会发展的不同，其职场行为习惯和理念存在显著差异。“00后”作为新生力量大规模进入职场，他们带着独特的职场期待与价值观，为职场注入了新的活力。“00后”的网络用语反映出其背后丰富的文化含义，这是时代赋予他们的特色。随着科技的飞速发展，新的业态如人工智能、生成式人工智能、直播电商与新媒体不断涌现。这些不仅改变了人们的生活方式，也对职场产生了深远影响，新质生产力与企业人才管理的五重融合成为企业发展的关键。在这样的背景下，“00后”的加入倒逼管理者进行管理升级。管理者需要理解并适应“00后”的特点和需求，调整管理策略，营造更包容、创新和灵活的工作环境。

只有积极变革，提升管理水平，企业才能充分发挥“00后”的优势，实现人才的优化配置和高效利用。如此，企业才能在激烈的市场竞争中持续保持竞争力，不断创新发展，跟上时代发展步伐，实现可持续发展。了解代际差异，把握新的业态趋势，推动管理升级，是企业在当今时代取得成功的必要路径。

本章金句

前浪经验如灯塔，后浪创新似浪潮。

代际差异引思考，文化矛盾启新思。

优秀的管理者，总能通过差异碰撞，推动企业铸就新的辉煌。

第二章

挖掘潜力：如何第一时间招到对的人

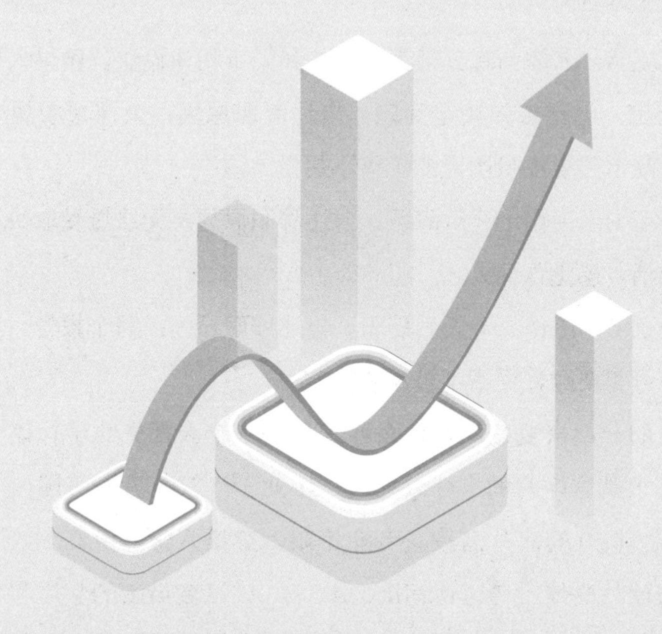

第一节　招错一人，用工成本遭遇大损失

企业与企业之间的竞争，不单单是产品和服务之间的竞争，更是人才的竞争。某商贸公司因发展需要招聘行政助理，一个月内先后招聘了A、B、C三位"00后"员工，但没有一个行政助理在职时间超过1个月。

员工A：入职当晚公司聚餐，A和同事相谈愉快，结果入职第二天未上班，电话告知决定辞职。自述辞职原因：公司聚餐属于加班团建，晚上还要加班团建的工作不想做。

员工B：工作十天后辞职。自述辞职原因：无法接受取快递、跑腿等杂活，感觉像佣人。

员工C：工作二十天后辞职。自述辞职原因：写个报告，领导连标点符号都要改，受不了被反复挑刺。

我们一起来复盘，为什么连续招聘三个人都失败了？该公司的招聘要求是这样写的：行政助理，毕业于"双一流"等国内名校或QS排名前50的海外名校，专业不限，英语六级，身高160厘米以上，形象气质佳，普通话标准。A、B、C三名员工的学历和外形条件都符合招聘条件，但对他们的性格、个人素养与企业文化是否相符，以及是否真正具备工作需要的知识、能力，完全没进行筛选。

这直接导致三次招聘都失败了。

招聘失败会给企业造成哪些直接或间接的损失？我们一起来统计一下：推广费用包括但不限于互联网广告费用、招聘网站费用等。一般来说，在收费招聘网站上，普通职位的发布费为500元左右，高级职位的发布费则相对较高。中间费用包括但不限于第三方面试、中介、猎头、推荐奖励、人才库查询、校招等费用。面试服务费根据不同的职位和地区而有所不同，一般每次面试的费用在500元至1000元之间。此外，还有线上测评和面试辅导等服务，这些服务也需要支付相应的费用。人才库查询费根据不同的查询方式和查询条件而有所不同。一般来说，普通查询的费用在500元至1000元之间，高级查询则需要支付更高的费用。如果是高级岗位，在成功招聘到候选人之后还需给猎头公司支付费用。这笔费用通常是根据候选人的薪资和职位级别来计算的，费用通常是候选人薪资的20%～35%。

除了外部的费用外，招聘成本还要包含企业内部人员的时间成本，即参与招聘人员的工资、各种津贴、社保、公积金、福利等，以及筛选简历、测试、面试等时间成本。如果一个招聘专员每天同时处理10个左右的职位需求，每个职位每天会收到30份申请简历，共有300份简历，每份简历按1分钟筛选时间计算，已经占据了5个小时的工作时间。通常来说，员工一天的实际有效工作时间也就4～5个小时。

新人入职以后的培训成本也是不小的。入职培训通常由用人部门与人力资源部门共同组织，需要花费时间给新人做以下培训，包括但不限于部门安排的帮带师傅或专人负责引导新员工并作相应的人员介绍、对新员工作本部门规章制度和岗位职责要求的必要介绍，以及企业历史及文化介绍等，通常耗时1天到1周。

除了可轻易计算的经济成本外，企业还会产生以下隐性成本及负面影响，如解聘员工可能会引起的诉讼危机、对现有人员的负面心理影响、对企业的雇主品牌（形象、口碑）造成的不良影响，以及对组织氛围和内部员工积极性的冲击和破坏等。

招聘失败通常有以下4个原因，下面将逐一分析，分别给出解决方案。

● 原因1：招聘需求不明确

企业在招聘前应明确岗位职责、技能要求和经验要求，并与用人部门进行充分沟通和确认。当用人部门发来一个非常模糊的招聘需求，招聘专员如果不考虑人才市场情况，只是盲目按用人部门的模糊需求招聘，招聘必然失败。

● 解决方案：进行人才画像

人才画像是在招聘过程中对理想候选人的精准描绘。它通常包含以下几个关键方面：基本信息，如年龄、学历、工作经验等；专业技能和知识储备，即岗位所需的专业能力和特定领域的知识储备等；性格特质，比如是否具备团队合作精神、责任心、抗压能力等；职业素养，包括工作态度、职业规划和对企业文化的适应度；工作偏好，如喜欢的工作环境、工作时间和职业发展期望等。人力资源部门要先制定内容详尽的招聘需求申请单，用人部门填写签字确认岗位职责、人才画像、薪酬待遇等，同步给予人力资源部门，修正招聘启事，让公司领导签字确认，防止推诿责任。在招聘过程中，招聘人员也需及时和用人部门沟通，分享进度。

● 原因 2：招聘渠道不合适

在招聘过程中，选择合适的渠道至关重要。比如，要招聘高级管理者，却在普通招聘网站上进行，效果必然不佳。因为这类高端人才在普通网站的活跃度有限。如果招聘普通人才时动用猎头，无疑会浪费企业成本，增加不必要的开支。所以，企业务必根据职位类型和目标人群特点，精心挑选合适的招聘渠道，这样才能提高招聘效率，找到真正符合要求的人才。

● 解决方案：做好渠道分析

新生代求职者活跃于各类招聘平台和渠道。BOSS 直聘较受欢迎的原因之一，就是其直接沟通的模式符合新生代求职者高效求职的习惯。拉勾网专注于互联网行业，对于想进入该领域的人才来说是不错的选择。实习僧则侧重于实习和校招岗位，为初入职场的新人提供了大量机会。此外，社交媒体也成为新兴的招聘渠道，比如在抖音、小红书上，不少企业通过发布招聘信息或直播招聘来吸引新生代人才。

● 原因 3：招聘流程不规范

招聘流程不规范也会导致招聘失败。招聘流程需要明确、规范，并由相关人员负责跟进和执行。建立规范的招聘流程，明确每个环节的责任人和时间节点，可确保流程顺利推进。

传统的招聘流程是收集纸质简历，现场面试、考试，员工填写人事资料，资料录入系统，员工线下签署纸本合同，多次沟通分配岗位，集中培训，上岗操作等。这些复杂的入职手续不管是对招聘者还是面试者，都容易让人感到烦躁，产生抗拒的心理。

解决方案：优化流程

在当今数字化飞速发展的时代，招聘流程已发生了显著变化，尤其是在移动互联网的推动下，变得极为简化和高效。招聘信息的发布渠道主要集中在移动端的各大招聘平台和社交媒体上。企业精心编写简洁明了的职位描述，突出关键信息，如岗位职责、薪资待遇、发展空间等，以吸引人才目光。求职者通过手机就能轻松投递简历，无须烦琐的纸质材料。简历筛选环节，借助智能算法，快速匹配关键要素，筛选出符合基本要求的候选人。

面试环节，线上视频面试更为高效。候选人可以在约定的时间，通过手机或电脑与面试官进行实时交流，节省双方的时间和精力，打破了地域限制。在后续的评估和录用环节，企业通过线上工具对候选人进行综合评估，快速作出决策，并以电子形式发送录用通知。入职管理也实现了在线化简化流程，新员工通过线上系统填写个人信息，签署电子合同，办理入职手续。入职培训资料以在线课程的形式呈现，方便员工随时学习。考勤、福利申请等日常管理也通过移动端应用完成。整个招聘及入职流程在移动互联网的加持下，实现了信息的快速传递、流程的高效推进，为人才提供了便捷、灵活的求职和入职体验，也帮助企业更精准、快速地网罗到优秀人才，为企业发展注入新的活力。

原因 4：面试人员不专业

在企业招聘中，存在着这样一种令人担忧的现象。有些企业的面试人员是业务出身，对人力资源领域的专业知识知之甚少。面试时，他们仅凭主观印象，随意问上几句便作出决定。这种不专业的面试方式存在极大的弊端。由于缺乏系统的面试技巧和对人才评估的科学方法，他们可能会被候选人的表面现象所迷惑，从而忽视了其真正的能力和潜力。同时，由于个人的喜好和偏见，他们也可能错过那些真正适合岗位的优秀人才。

如此随意的面试过程，大大增加了招错人的风险。一旦招错人，不仅会浪费企业的人力、物力和时间成本，还可能影响团队的协作和业务的推进。因此，企业应重视对面试人员的专业培训，规范面试流程，以确保招聘到真正合适的人才。

● 解决方案：做好专业培训

面试官需接受专业培训，包括熟悉招聘岗位的具体要求、所需技能及业务知识。面试时，应精心设计问题，如通过询问工作经历来评估面试者解决问题的能力，如“分享一次工作中的重大挑战及解决方法”；了解团队协作能力，可问“描述团队中意见不合的处理情况”；还应询问其职业规划，如未来五年的职业期望。面试时长通常为 30 ～ 60 分钟。

面试中，需观察候选人的肢体语言、神态和语气，对可能的简历过度包装或撒谎，通过追问细节识别。如提到重要项目，追问团队构成、分工、困难及解决方式，回答含糊或矛盾则需核实。判断候选人是否符合企业价值观，可设情境问题，如公司如何在短期利益和长期声誉间选择，看其决策。了解他对职业道德和社会责任的看法，可问“如何看待工作中的诚信”。观察他回答时的表情，判断其真诚度，及对公司文化活动的反应，判断其契合度等。

小作业

招人失败的原因包括以下哪些？（　　）

A. 招聘需求不明确

B. 招聘渠道不合适

C. 招聘流程不规范

D. 面试人员不专业

答案：ABCD

第二节　避坑指南，校园招聘的五个误区

每年两次的大规模校招，是对集团型企业人力资源部门的压力测试。校园招聘为企业提供了获取优质人才的重要渠道，有助于企业注入新鲜血液，保持创新活力。它不仅降低了招聘成本，还能让企业提前培养和储备具有潜力的未来领导者，更好地适应市场变化，满足业务发展需求。

“00后”小张同学是某大学应届毕业生。一天，他接到某世界500强、全球知名的零售巨头的面试电话，问他怎么理解超市收银岗位。之前他在网上投递了个人简历，申请过该企业的管理培训生岗位。因母亲在超市工作过，小张同学对收银岗位的职责非常清楚，所以这次电话面试很成功。对方告诉他，几天后会有校园招聘会，希望他能来参加第二轮面试。

第二轮面试以小组讨论的形式进行。小张同学所在的小组有多人参加，面试官给出了情境测试，其中一个情境是一台价值2000元的收银机被一名收银员弄坏，作为前台主管的候选人会如何处理。其他同学都觉得应该由收银员全额赔偿，小张同学经过思考后提出了自己的见解：虽然收银员弄坏了机器，确实需要做出相应的赔偿，但在如何赔偿的问题上，我觉得更大比例由公司承担，员工与主管

相应赔偿一小部分。因为方案契合该企业关爱员工的企业文化，小张同学得到了面试官的认可。最后一轮面试是二对一的面对面交流，面试官很和蔼，整个过程他们聊得很开心。十几天后，小张同学收到了该企业的录用通知，顺利成为一名管培生。

从企业文化的角度来看，该企业一直强调彼此间的同事关系，将员工视为重要的合作伙伴，而非仅仅是雇员。每个员工都称彼此为“同事”，体现了对团队精神和协作的重视。这种称呼不仅仅是一种尊重，更是一种文化传承，使得员工能感受到自己的价值。小张在参加面试前做足了功课，才能让他的答案更符合企业的文化。

● 误区1：越早招聘越好

对于企业安排校园招聘的具体时间，未必是越早越好，合适的时间才最重要。校园招聘一般在9月中旬开始启动，主要集中在当年的9—11月和次年的3—4月。校园招聘分为秋招和春招。秋招规模最大，持续时间最长，相对而言，企业很容易招到合适的人才。但是这并不意味着春招就没有机会。春招一般在年后开始，3月初进行，持续到6月。对于一些应届生而言，春招时期，他们还在校园中。秋招是在每年9月至12月，在这个时候，他们已经取得了相应的资格证书、上岗证，持证上岗会更加容易些。

进入校园的时间与签约大学生的违约率成正比。进入的时间越早，违约率越高，招聘到优秀学生的机会大；进入校园的时间越晚，违约率越低，招聘到优秀学生的机会小。不同的公司、不同的行业、不同的地区，校园招聘的时间都会有所不同。有些公司会提前开启秋招，甚至在暑假期间就开始了。有些公司则会延后到11月才开始。不同的行业也会影响秋招的开始时间。比如，金融、咨询、信息技术等行业的秋招时间通常会比其他行业提前一些。这些行业的竞争比较激烈，所以公司会提前招聘，以便招到更好的人才。

● 误区 2：候选人越多越好

企业组织校园招聘，成本不可轻视，基本的费用包括招聘会的展位费、空调费、消防费用、人员费用、午餐费，以及海报、笔、饮用水等费用。如果追求极大的排场，盲目追求候选人数量，如同新闻发布会一样，订最好的演讲礼堂，将招聘人员打扮得身份高贵，主持人致欢迎辞，制作专门的企业宣传片，安排员工现身说法等，都会极大地增加企业的招聘成本。

有些企业只是做品牌宣传，实际的招聘岗位却极少。这些企业或许自认宣讲效果惊人，但任何时候都不要忘记，宣讲会的主要目的是招聘，宣讲会搞得很虚的话，也会产生副作用。新生代都是聪明人，宣讲会听得多了，自然会听出弦外之音，怀疑宣讲会的目的就是作秀而非招聘，反而会招来反感。

高校是个人才库，有的企业在招聘时单纯追求简历数量来彰显排场。如某公司在校园招聘时只有一个岗位，人力资源总监却要求招聘专员必须收到 1000 份简历，以便对外宣传是千里挑一选人才。这本身就是人力成本的浪费。

● 误区 3：学历越高越好

近年来，由于就业市场供需结构不平衡，学历高配低就现象严重。很多企业尤其是大型企业、优质企业，对于应届生员工的招聘条件也水涨船高。以往大专生就可以应聘的岗位，现在要求必须是本科生；以往本科生就可以应聘的岗位，现在要求必须是“双一流”

高校毕业生，或者是全球 QS 排名前 100 的大学毕业生。在就业压力大的情况下，一些应聘者往往别无选择，只能继续进修。

上海某知名"双一流"高校曾经发布一则保卫处管培生招聘启事，引发了不少网友的关注。该岗位要求应聘者须是本校在读全日制研究生，培养周期为 1 年，其间学校提供补助 1800 元 / 月。虽然有关人员表示该岗位不是保安，但依然没有打消网友的疑虑。再加上超低的工资待遇，让人在感慨"没研究生学历都当不了保安"的同时，也为学历贬值感到担忧。

学历高配低就本质上是一种知识浪费。许多企业在招聘时过于看重应聘者的学历和学校，而忽略了其实际能力和工作经验。这种盲目追求高学历、名校的做法，不仅会错失一些具有丰富经验但学历较低的人才，也会让一些高学历但能力平平的人进入企业，从而导致人才浪费和招聘成本增加。盲目追求高学历的用人单位不一定会是受益者。**由于知识技能与岗位实际需求不匹配，劳动者的积极性可能很难充分发挥出来**。在许多高配低就现象严重的用人单位，往往存在员工跳槽频繁、人才流失严重的现象。

● 误区 4：实习越多越好

进入大学后，不少学生会选择进入学生会、团委担任学生干部。这样不仅会得到许多锻炼的机会，还会提升社交、管理能力，对未来个人发展帮助很大。当然，大部分学生成为团委干部，确实是学生中的佼佼者。但不可否认的是，有部分"00 后"大学生担任学生干部，仅仅是为了以后找工作时能够包装简历，将学生干部作为一种功勋章加持在身，甚至产生自我膨胀的感觉，认为自己比他人优秀，心气变高，想着毕业后一定要成为领导层，对自己有很高的期待。因此，当现实达不到自己预期的时候，他们就会选择辞职，不稳定因素较高。

此外，部分大学生陷入了盲目追求实习数量的误区。他们为了让简历看起来丰富，频繁参加各类实习，却从未考虑这些实习与未来工作的相关性。比如，一位学金融的学生，却在毫无关联的餐饮行业进行多次短期实习。这种盲目追求不仅占用了学生大量本该用于学习专业知识的时间，导致学业成绩下滑，还影响了他对专业知识的深入理解和掌握。实习本应是提升能力、为未来职业做准备的途径，如果盲目追求数量，忽视与专业及职业规划的契合度，最终可能得不偿失。大学生应明确目标，有针对性地选择实习，平衡好学业与实践的关系，为未来的职业发展打下坚实的基础。

● 误区 5：分数越高越好

大部分企业组织校园招聘，不论什么岗位，基本上是应届生先投简历，简历通过后安排笔试，笔试通过，才会获得面试机会。在校园招聘中，笔试作为一种相对于面试来说比较初级的筛选方式，主要作用在于筛选出具备职位要求的专业知识、符合企业文化、具有招聘方所希望的思维方式和个人能力的人员。但在部分企业的笔试中，很多题型其实和招聘的岗位关联度并不是特别大，比如招聘客服，却安排了数字推理、图形推理等测试智商。单纯用分数来选人，就容易错失沟通能力强、更适合做客服的人才。

网申（网络在线申请）的普及与疫情的常态化，使得部分企业通过线上考试系统进行笔试。同时，也有部分企业会沿用传统的线下纸笔考试的形式或在一些热门城市设置笔试点，应聘者自主选择是在线上或是线下进行笔试。线上笔试会有计时，不同的企业，计时方法也会有所不同。有的企业用整体计时，应聘者需在规定的时间内完成所有题目；有的是分段计时，比如把一套题分为几个部分，单独设置每一部分的完成时间；也有的是分题计时，即给每道题设置完成时限，时间到自动切到下一题。线下笔试的形式一般是统一的集中考试，应聘者在规定的时间抵达考场进行笔试，也会有部分企业根据应聘者的个人进度进行分散考试。

不同的行业和岗位对于学生的分数和综合素质、软技能的重视程度各有差异。在一些专业性极强、知识门槛较高的行业，如科研、医学、金融分析等，往往会更关注学生的分数。因为这些领域需要扎实的理论基础和专业知识，高分通常能在一定程度上反映出学生有较强的学习能力，知识掌握牢固。

对于创意和服务类岗位，如客户服务、人力资源等，更看重员工的综合素质和软技能，比如创新能力、沟通能力、团队协作能力、应变能力等。这些行业和岗位需要员工能够灵活应对各种情况，与人建立良好关系，运用创意解决问题。分数在这里并非关键的衡量标准，综合素质才是影响工作成效的重要因素。

小作业

关于企业招聘毕业生，以下说法正确的是（　　）。

A. 只招聘学习成绩好的学生

B. 只招聘名校的学生

C. 只招聘学生干部

D. 招聘符合岗位要求的学生

答案：D

第三节　第一渠道之校园招聘的三个步骤

大学作为一个巨大的人才储备库，早已成为各个企业争夺战略性资源的重要战场。企业成功经营的关键就在于如何招到优质的合适人才并经营好人才。如何提高企业在校园招聘中的吸引力，优化招聘流程，筛选出优秀的人才，控制招聘成本等，这些都是企业管理者需要深度思考的问题。

宝洁公司总裁说过：“假若你拿走了宝洁的人才，却留下了金钱、厂房和产品，宝洁将会失败；假若拿走了宝洁的金钱、厂房和产品，留下了人才，宝洁将在 10 年内重建王国。”这深刻地说明了一个道理：在企业的各种要素和资源中，人才是最宝贵的。很多企业喜欢在高校里招聘管理培训生，除了觉得可以快速招到专业对口的学生外，更认为在应届毕业生还是一张白纸的时候开始培训，他们对企业的归属感会更强，工作技能针对性更好。企业如何做好校园招聘，可按照以下三个步骤进行。

一、招聘前期：成立小组，联系学校

（一）人员分工

召开人力资源部内部会议，确定校园招聘总负责人、人力资源部招聘人员、校园大使、总部联络人等，明确团队内部各级人员的职责分工。招聘小组最好由人力资源部经理或总监负责。不要以为招聘应届生相对容易就忽视它，如果安排一个刚毕业两三年的招聘专员负责面试，部分学生会以为企业不重视招聘工作，甚至会认为企业不重视人才。

（二）确定岗位

确定招聘职位和人数，明确要招哪些职位的储备人才，要招多少人，去哪些学校招聘，招聘哪些专业的学生，提供需求人数、招聘时间和地点等信息。招聘计划应与企业的战略和业务需求相一致，明确应聘者的学历要求、专业背景、技能水平、经验和性格特点。对招聘团队进行培训，确保他们了解这些标准，这有助于筛选出适合的候选人。

（三）联系学校

招聘小组根据公司制订的招聘计划、历年接收的各校毕业生情况、本年度各校生源状况和各校往年毕业生在企业的表现等，选定相应的高校。在招聘工作实施前，招聘小组将招聘计划发送给各高校的毕业生分配办公室，并与学校保持联系。

目标院校的确定需要根据过去校园招聘的经验和大量的调研工作得出，主要从过去校园招聘的经验、需求专业、目标院校所在地薪酬水平三方面来甄选并确定。在确定目标院校、院系后，需在第一时间与各目标院校就业处、院系取得联系，提高招聘的成功率。

（四）物料准备

常规物料清单

- 横幅 / 易拉宝 /X 展架
- 引导牌
- 背景墙
- KT 板装饰
- 宣传单 / 宣传册 / 工作手册
- 信息表 / 签字表
- 名片 / 二维码
- 手提袋
- 工作证 / 工作服
- 饮用水等

企业进行校园招聘时，精心制作的招聘物料意义重大，不仅仅是为了招聘人才这单一目标，更是在无形中塑造着企业的雇主品牌。优质的物料向学生展示了企业的专业与用心，传递了企业的价值观，进而打造出独特的企业文化，吸引志同道合者。

（五）岗位包装

在校园招聘中，为了传达企业文化，提升雇主品牌，招聘文案显得尤其重要。为了达到易理解、易传播、定位准确清晰的目标，企业首先需要明确“2W1H”原则。其中 WHO，明确企业的受众群体；HOW，他们期待什么；WHAT，我们对目标受众的核心要求是什么。具体可以在以下四个方面进行重点宣传。

- **突出优势：**明确岗位的优势和独特之处，如培训机会、晋升空间、团队氛围、特殊福利等。比如，有下午茶，每周有一天可以带宠物上班，可以在家办公等。

- **强调文化：**介绍企业的价值观、使命和文化特点，让学生感受到与企业的契合度。比如，没有刻意倡导的加班文化，进行扁平化组织，可以直接喊老板名字等。
- **展示团队：**介绍团队的组成、活动等，比如有高颜值、声音好听、丰富爱好的小哥哥小姐姐，展现团队的活力和凝聚力。同时，通过实际案例展示之前招聘的学长学姐在企业的成长。
- **优化文案：**根据不同岗位使用简洁明了、生动有趣、符合"00后"喜好的招聘口号，避免过于冗长复杂和太过严肃的表述。利用多媒体，如抖音等，以图片、视频等形式，更直观地展示岗位特点。

下面以三个不同岗位作为案例进行具体分析。

● 研发岗位：

——加入我们的研发团队，用创新改变世界！

——探索科技前沿，实现你的智慧价值。

——一起创造未来，从这里开始你的研发之旅。

● 销售岗位：

——销售精英集结令，成就辉煌职业生涯！

——用热情打开市场，用实力创造业绩。

——挑战高薪，等你来战！

● 运营岗位：

——运营舞台，绽放你的光芒！

——高效运营，铸就非凡。

——加入我们，打造卓越运营团队。

二、招聘中期：组织实施，笔试面试

在校园招聘的中期阶段，有两个关键因素尤为重要。一是简历筛选，这是依据岗位需求和人才标准，对众多简历进行系统评估与精准分类的过程。通过科学的筛选方法，企业初步确定候选人与岗位的适配程度。二是笔试，它是对候选人知识体系和专业技能的量化检测。通过标准化的测试题目，企业客观衡量候选人的知识储备和技能水平，从而选拔出理论基础扎实、技能过硬且具备发展潜力的优质人才。

下面以三个不同岗位作为出题案例进行具体分析。

- **技术类岗位：**

——编程题：实现一个简单的算法功能。

——技术知识题：简述某项技术的原理和应用。

——案例分析题：分析一个技术问题并提出解决方案。

- **销售类岗位：**

——市场分析题：分析某个产品的市场前景和竞争对手。

——客户沟通题：模拟与客户的沟通场景，解决客户的问题。

——销售方案题：制订一个针对特定产品的销售计划。

- **管理类岗位：**

——综合分析题：分析一个管理问题并提出解决策略。

——团队协作题：描述一次成功或失败的团队合作经历。

——情境判断题：根据给定的情境，作出管理决策。

之后，进行多轮面试，包括小组面试、个别面试等，评估候选人的综合能力。背景调查是对候选人的教育背景、在校经历、奖励情况等进行核实。企业可以要求拟录取员工提供相关的证明材料，如成绩单、奖励证书等，以验证其所提供信息的真实性。如果时间允许，可以与相关教师、辅导员交流，了解候选人的在校表现和个人情况。还可以利用学校的官方网站、学生论坛或社交媒体等渠道，了解候选人在学校的声誉和评价。

综合考虑各方面因素，确定拟录用的候选人名单，向候选人发放录用通知书，明确入职时间、薪资待遇等细节，组织体检，与录用候选人签订相关协议，如就业协议、三方合同等。需要注意的是，这些步骤可能会根据企业的具体情况和需求调整与完善。在实施过程中，要确保公平、公正、透明，与候选人保持良好的沟通。

三、招聘后期：接收学生，后期跟踪

校园招聘进入后期，接收学生和后期跟踪的环节不容忽视。这期间的细节处理至关重要，如及时反馈录用结果，主动与学生保持沟通，发送温馨的入职提示，彰显企业关怀。注重这些细节，能加深人才对企业的第一印象。以下将从接收学生和跟踪学生两个角度介绍实施关键点。

（一）接收学生

发送录用通知：及时向被录取的学生发送录用通知，明确入职时间、手续等细节。

建立沟通渠道：提供企业的联系方式，如邮箱、电话；也可借助社交媒体，如抖音、小红书等，方便学生提前了解企业文化。

（二）跟踪学生

定期沟通：在正式入职前定期与学生沟通，了解他们的入职准备情况，并提供公司新动态。

提供帮助：对于学生在入职前遇到的问题，提供必要的帮助和支持。

建立社群：建立线上媒体、新人社群或线上论坛等，加强与学生的互动和联系，解答他们的问题，分享公司故事。

关注动态：关注学生的社交媒体动态，了解他们的兴趣爱好和特长，为后续的人才培养和使用提供参考。

线下活动：组织针对性的线下活动，如座谈会、公司参观活动等，增加拟入职新人对公司的了解和认同感，并能提前适应公司文化。

人才管理：将拟入职员工的信息录入人才库，进行分类管理，便于后续跟踪和制订职业发展计划。

高校合作：与高校就业中心保持联系，为下一次的招聘做好关系维护。

总结复盘：招聘流程结束后，对整个招聘工作进行总结复盘。

通过这些方式，企业可以更好地了解候选人的情况，增强与候选人的互动，提高招聘效果和候选人的入职率。同时，也能展示企业的人文关怀和专业形象，更好地了解和培养人才，为企业的发展储备力量。

小作业

对于技术类岗位的笔试题目，可以采用以下哪类题目？（　　）

A. 编程题：实现一个简单的算法功能

B. 技术知识题：简述某项技术的原理和应用

C. 案例分析题：分析一个技术问题并提出解决方案

D. 以上都是

答案：D

第四节　慧眼识人，校园招聘面试的四种形式

面试是企业筛选人才的关键环节，它不仅是企业与求职者相互了解的桥梁，更是企业寻觅合适人才的重要途径。**正如管理学大师杰克·韦尔奇所说："找到合适的人才，比培养人才更为重要。"**在面试中，我们需要精准识别候选人的潜力与特质，确保他们与企业的价值观和文化相契合。

一场成功的面试，对于企业来说，意义重大。它关乎着企业的未来发展，影响着团队的活力与创新力。作为招聘官，我们必须高度重视每一次面试，为企业引进优秀的人才，也为企业的长远发展注入新的活力。本节将重点介绍面试中常用的四种形式，帮助企业更高效率地招到合适的人才。

一、结构化面试

结构化面试是一种标准化的面试方法，它根据预设的问题和评价标准来评估候选人的能力和适应性。面试官根据预先确定的一系列问题和标准，对候选人进行相同的提问和评估，以确保面试的公正性和准确性。

以下是三个不同岗位的结构化面试案例。

1. 销售岗位

（1）请介绍一个你成功完成的销售项目，包括你所采取的销售策略和方法。

（2）面对客户拒绝时，你是如何处理的？请分享一次你成功扭转客户态度的经历。

（3）假设你正在推销一款产品，会如何展示它的特点和优势？

2. 技术岗位

（1）描述一个你遇到的技术难题，并说明你是如何解决它的。

（2）谈谈你对新技术趋势的了解，以及如何保持对技术的学习和更新。

（3）在一个项目中，你如何与团队成员协作，确保技术问题的顺利解决？

3. 管培生岗位

（1）请分享你在校园管理团队方面的经验，包括你是如何激励和培养团队成员的。

（2）如何处理团队中的冲突和挑战？请举例说明你的应对方法。

（3）假设你需要制订一个项目计划，会考虑哪些因素来确保项目的成功执行？

这些结构化面试的问题旨在评估候选人在特定岗位上所需的关键技能、经验和能力。每个问题都有明确的意图，有助于面试官全面了解候选人的资质和适合度。当然，具体的问题可以根据岗位要求和公司文化进行调整。

二、无领导小组面试

无领导小组面试是一种常用的人才选拔方法，它将一组候选人集中在一起，让他们在没有指定领导的情况下共同讨论一个特定的话题或问题。在招聘管培生时，无领导小组面试可以帮助企业评估候选人的团队合作能力、沟通技巧、问题解决能力和领导潜力等。以下是无领导小组面试的一般流程。

1）**面试介绍：**面试官向候选人介绍面试的流程和规则，包括讨论的主题或问题。

2）**小组讨论：**候选人组成小组，进行自由讨论。面试官观察候选人的参与度、沟通能力、团队合作精神等。

3）**角色扮演：**可以要求候选人在小组中扮演不同的角色，如领导者、协调者、创意推动者等，观察他们在特定角色下的表现。

4）**结果汇报：**小组讨论结束后，可以要求候选人共同汇报讨论结果，展示他们的综合能力和团队协作效果。

5）**提问环节：**面试官可以提问，进一步了解候选人讨论中的思考和形成的观点。

以下是三个针对管培生岗位的无领导小组面试案例。

A. 市场营销管培生

（1）如何针对年轻消费者制定一款新产品的推广策略？

（2）如何在有限的预算下，策划一次有影响力的校园营销活动？

（3）如何根据当前社交媒体营销趋势，提出创新的线上营销思路？

B. 人力资源管培生

（1）如何设计面向“00后”的校园招聘海报、新媒体文案和短视频脚本？

（2）如何设计一个富有活力和吸引力的员工福利计划？

（3）如何解决员工工作满意度降低的问题？

C．项目管理管培生

（1）如何制订项目计划和时间表？

（2）如何有效地管理项目风险，尤其是面对不确定性和变化时？

（3）在跨团队项目中，如何促进有效的沟通和协作？

无领导小组面试的时间可以根据具体情况和面试目的来确定。一般来说，面试时间控制在30分钟到1小时之间比较合适。在进行无领导小组面试时，面试官应注重观察候选人的团队合作能力、沟通技巧、问题解决能力、领导潜力，以及对特定岗位的理解和适应性。同时，给予候选人平等的发言机会，确保公平、公正。根据面试结果，企业可以进一步深入评估候选人的综合素质，选拔出适合的管培生候选人。

三、视频面试

视频面试是一种通过视频会议技术进行的远程面试方式。它允许面试官和候选人在不同地点通过网络实时交流，以评估候选人的能力、技能和适应性。适合进行视频面试的岗位包括但不限于以下几类。

1）**远程工作岗位：**可以完全或部分远程工作的岗位，如软件开发、设计、客户支持等。视频面试可以有效地筛选候选人。

2）**跨地区招聘：**当招聘范围涉及不同国家或地区时，视频面试可以节省面试官和候选人的时间和成本。

3）**高技能人才：**对于某些需要特定技能或专业知识的岗位，如科研、金融、医疗等，视频面试可以帮助企业拓宽招聘范围，吸引更多优秀人才。

4）紧急招聘： 在时间紧迫的情况下，视频面试可以加快招聘流程，快速找到合适的候选人。

视频面试可以作为初步筛选的工具，减少线下面试的候选人数量，提高招聘效率。需要注意的是，某些岗位可能需要进行现场面试或其他形式的评估，以更全面地了解候选人的实际能力和与团队的配合情况。视频面试只是招聘过程中的一个环节，最终的决策还应综合考虑其他因素。此外，确保视频面试的技术设备和网络连接稳定，也是成功进行视频面试的关键。

视频面试的一般流程和关键事项如下。

A. 面试前准备：求职者和面试官都需要确保设备（摄像头、麦克风、网络连接等）正常工作，并选择一个安静、整洁的面试环境。

B. 面试通知：面试官会提前通知求职者面试的时间、使用的视频会议平台和其他相关信息。

C. 视频连接：在约定的时间，求职者和面试官通过视频会议平台建立连接。

D. 自我介绍：求职者进行自我介绍，面试官可能要求求职者简要介绍一下自己的背景和求职动机。

E. 问题回答：面试官提问，求职者回答问题。问题可能涉及工作经验、技能、职业目标等。

F. 技能展示：如果需要，求职者可能会被要求进行一些技能展示，如演示软件操作、解决实际问题等。

G. 提问环节：求职者有机会向面试官提问，了解更多关于公司和职位的信息。

H. 面试结束：面试官会告知求职者面试的下一步流程和时间安排。

四、案例面试

案例面试是一种常见的面试形式，通过给出实际案例或情境，要求候选人分析问题、提出解决方案，展示其思考能力和问题解决能力。

案例面试一般包括以下 6 个步骤。

（1）案例介绍：面试官会向候选人介绍一个具体的案例或情境，通常涉及工作中可能遇到的问题或挑战。

（2）分析问题：候选人有时间分析案例，确定问题的关键因素，给出潜在的解决方案。

（3）提出方案：候选人阐述自己的想法和解决方案，可能需要解释决策的依据和考虑的因素。

（4）互动讨论：面试官可能会与候选人互动讨论，进一步探讨方案的可行性和可能的改进之处。

（5）延伸问题：根据候选人的回答，面试官可能会提出延伸问题，以深入了解候选人的思维方式和应对能力。

（6）总结回答：候选人有机会总结自己的观点，强调关键要点。

以下是三个不同岗位案例面试的话术。

A. 市场营销岗位

（1）我们产品的市场份额下降了，你认为可能的原因是什么？你会采取哪些市场营销策略来提高产品的知名度，增加产品销量？

（2）如果你要推出一款新产品，会如何进行市场调研和定位？

（3）假设你正在负责一个品牌推广活动，但预算有限，你将如何策划和执行这个活动？

B. 项目管理岗位

（1）项目进度落后了，你将采取什么措施追赶进度，确保项目按时完成？

（2）在项目执行过程中，团队成员之间发生冲突，你将如何解决？

（3）给你一个复杂的项目计划，你将如何有效地管理资源和分配任务？

C. 技术岗位

（1）我们的系统出现了性能问题，你会如何排查和优化？

（2）如何设计一个可靠的数据库架构来满足业务需求？

（3）你将如何应对技术难题并在压力下保持高效？

需要注意的是，案例面试的话术应根据具体的案例和岗位要求进行调整。候选人回答时，要结合实际情况，展示清晰的思路和极强的逻辑推理能力、问题解决能力。

小作业

假如你要招聘一个销售岗位的员工，运用结构化面试的方法，你会如何提问？（　　）

A. 请介绍一个你成功完成的销售项目，包括你所采取的销售策略和方法。

B. 面对客户拒绝时，你是如何处理的？请分享一次你成功让客户转变态度的经历。

C. 假设你正在推销一款产品，你会如何展示它的特点和优势？

D. 以上都可以

答案：D

本章小结

在这一章中，我们着重探讨了企业招聘的关键要点。企业招聘到合适的人才并非易事，招错一个人可能导致巨大的用工成本损失。在校园招聘中，企业需避开一些常见误区，不是越早招聘就越好，招聘规模并非关键，高学历也不能绝对代表能力，学生干部身份不一定意味着最适合，笔试分数高也并非唯一评判标准。

校园招聘有三个明确的流程，包括前期的精心筹备、中期的有效执行和后期的妥善收尾。招聘面试形式也多样，结构化面试能全面评估应聘者的思维能力，视频面试具有便捷性，无领导小组面试可观察求职者的协作能力，案例面试能深入检验求职者的实战能力。

只有精准地招聘到与企业需求、文化和发展方向相契合的人才，才能为企业后续的良性发展奠定坚实的人才基础。合适的人才是企业中宝贵的财富。招聘环节的成功，不仅是对企业当下人力需求的满足，更是对企业未来发展的有力保障。

本章金句

招聘面试需用心，精准选才助前行。

高潜力人才无价，新生代未来可期。

选对人是管理的起点，以敏锐眼光选对人才，方能成就企业伟大之事。

第三章

提升才力：如何快速让职场新人成为合格员工

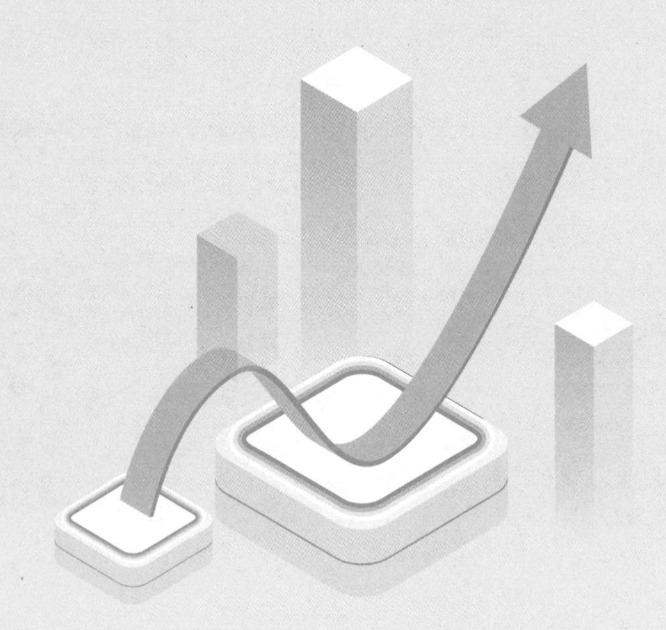

第一节　自作主张，实习生给公司造成巨大损失

某制造业公司市场营销部来了一名激情满满的“00后”实习生小明。该公司招聘实习生最看重的就是名校光环以及学习成绩，小明一直担任学生干部，学习成绩优异，文字表达能力极强，并有着丰富的直播带货和学生记者经验，擅长新媒体，但个性上喜欢炫耀，集体观念较弱。小明所在的学校是全国知名的重点高校，传媒专业在业内享有较高的声誉。

公司正紧锣密鼓地筹备一场至关重要的某精密仪器类新品发布活动，未经任何入职培训的小明担任文案编辑，负责在社交媒体上进行产品宣传。初出茅庐的小明满怀雄心壮志，渴望在这次实习中崭露头角。他迫切希望通过自己的努力，为新品发布创造出极致吸引眼球的效果。某日，在未经公司允许的情况下，小明竟然自作主张，擅自在官方号上连发三条动态。

● 动态 1

哇噢！咱家这新品简直绝了啊！那可真是嘎嘎厉害，直接把行业规则给干翻啦！它拥有的神奇功能，简直逆天了好嘛，绝对超出

你的想象！

有了它，你能在一夜之间从菜鸟变身成为世界级的大佬！啥？你还不相信？那你就是纯纯的大怨种啦！别人都在嘎嘎冲，你还在这瞅啥呢？赶紧的吧，用了咱家新品，你就能成为那个最靓的仔，秒变高富帅，迎娶白富美，从此走上人生巅峰！

● 动态 2

家人们，咱就是说，这次的新品简直绝绝子啊！它简直就是行业规则的“粉碎机”好吧！这新品的功能，那真的是超乎想象啊！有了它，你就能在一夜之间从青铜变成王者，成为世界级的大佬！拿在手里，你就是这条街最靓的仔！

家人们，别再犹豫啦！赶紧入手这款新品吧！让它带你飞、带你狂，带你走上人生巅峰！错过了，可就亏大啦！

● 动态 3

我们的新品将以一种前所未有的方式彻底颠覆整个行业规则！它所拥有的神奇功能简直超越了你所能想象的极限！无论是哪一方面，它都能让你在一夜之间，如同脱胎换骨一般，成为举世瞩目的世界级高手！无须再羡慕他人的成就，因为有了我们的新品，你将成为那个被众人仰望的存在！它能助你轻松跨越以往难以逾越的障碍，让你的人生从此走上辉煌的巅峰！

这样的言论顿时引起轩然大波。虽然小明的新媒体文案能力很强，但作为精密仪器类产品，用如此夸张的语言显然是不恰当的。更不恰当的是，为了炫技，小明擅自发布新品动态，让公司陷入困境。这三条动态直接导致社交媒体上的用户对公司的诚信产生严重质疑，纷纷留言表示不信任。竞争对手也抓住机会，对公司进行了猛烈的攻击，进一步损害了公司的声誉。更严重的是，一些主要媒体报道了这一事件，引发了公众对公司的负面关注。

从以上案例中我们可以看出，招聘新员工的时候，如果单一追求名校或者学习成绩，而忽略了职业素养培训，一旦新人入职，极有可能给公司带来不可估量的损失。

什么是职业素养？**职业素养是职场中个人内在的规范、要求，表现为职业道德、职业技能、职业行为、职业作风和职业意识等多个方面。**企业对员工进行职业素养培训至关重要，它有助于提升员工的专业素养，使其更好地适应工作岗位，提高工作效率。通过培训，员工能增强责任意识，更积极主动地投入工作。良好的职业素养还能提升企业形象，提高客户满意度。员工在职业道德、团队协作能力等方面的提升，也有利于营造和谐的工作氛围，促进团队凝聚力的形成。

很多企业会对职场新人进行职业素养主题培训，内容包括但不限于道德品质、职业道德等个人品德与职业操守类培训。广义的职业道德是指，从业人员在职业活动中应该遵循的行为准则，涵盖从业人员与服务对象、职业与职工、职业与职业之间的关系。狭义的职业道德是指，在一定职业活动中，人们应遵循的、体现一定职业特征的、调整一定职业关系的职业行为准则和规范。职业操守是指人们从事职业活动时必须遵守的最低道德底线和行业规范。它具有基础性、制约性的特点，从业者必须做到。它既是对从业人员职业活动中的行为要求，又是对社会所承担的道德、责任和义务。

不同行业有不同的职业操守，比如：

医疗行业，尊重患者的隐私和尊严，保持专业的态度，遵守道德准则，不断提升自己的医疗水平；金融行业，保守客户的机密信息，遵循诚信和合规原则，具备高度的责任心和责任意识；法律行业，维护法律的公正和尊严，保持独立性和客观性，严格遵守职业道德规范；媒体行业，追求真实和客观，保护消息来源渠道，对社会负责并传递积极的信息；科技行业，注重创新和知识产权保护，保持学习和探索的精神，尊重团队合作和知识共享；服务行业，提供优质的客户服务，满足客人的合理需求，尊重客人的意见，保持良好的职业形象和态度。

然而，仅有品德与操守类培训是远远不够的。企业管理者还需要为职场新人提供全方位的软技能类培训，包括团队协作、沟通与自我管理等技巧。沟通能力培训有助于新人清晰、准确地表达自己的想法和观点，避免误解和冲突。应变能力培训，可以使新人面对复杂多变的工作场景时能够迅速调整策略，应对挑战。自我管理培训则能帮助新人合理规划时间、任务和资源，提高工作效率。只有将这些培训有机结合在一起，形成一个完整的体系，才能让职场新人获得全方位的成长，更好地适应职场环境，为企业创造更大的价值。下面，我们逐一分析企业新人入职培训中的两类主要课程。

1. 沟通能力类课程

团队协作能力是指个体在团队环境中，与他人协同工作、相互配合，以实现共同目标的能力。它包括明确自己在团队中的角色和职责，在团队成员需要帮助时提供支持和协助，面对团队中的冲突和问题能够积极解决，对共同目标有清晰的认识并为之努力，与团队成员建立信任关系，关注团队整体利益，灵活应对团队环境和任务的变化。

沟通能力是指个体通过各种方式，包括语言、文字、表情、动作等，有效地与他人交流思想、信息和情感的能力。书面沟通能力是通过文字表达观点、传递信息的能力。口头表达能力则是口头语言清晰、准确地表达自己想法和观点的能力。

不同岗位对员工沟通能力的要求有所不同，比如：

销售岗位：要求具备出色的沟通能力，能够清晰、准确且有说服力地表达产品或服务的价值，根据客户需求进行定制化介绍。要善于倾听客户的需求，了解其关注点，敏锐捕捉关键信息，及时作出有效回应。在与客户沟通中，能够灵活应变，处理各种异议和质疑，保持积极的态度和耐心，建立良好的信任关系，从而推动销售进程，达成交易。

客服岗位：需要用友善、耐心和专业的语气与客户交流，清楚理解客户的问题和诉求。无论面对何种情绪的客户，都能保持冷静和礼貌，以积极的态度解决问题。具备良好的解释能力，将复杂的信息以简单、易懂的方式传达给客户。同时，能够主动倾听客户的反馈，及时给予恰当的回应，确保客户满意度的提升。

项目经理：应具备卓越的沟通能力，能够在团队内部清晰地传达项目目标、分配任务和提供时间节点，确保团队成员理解一致。与上级领导沟通时，要准确汇报项目进展和面临问题，获取必要的支持和资源。能够与外部合作伙伴建立有效的沟通渠道，协调各方利益，推动项目顺利进行。面对突发情况，能够迅速组织协调，调整计划，保障项目按质按时完成。

商务经理：在与客户洽谈合作时，能够展现出自信和专业，清晰阐述合作方案的优势和价值。善于倾听客户需求，挖掘潜在的合作机会，并通过有效沟通达成共识。与内部团队沟通时，能够协调各部门资源，确保商务活动顺利开展。在跨部门合作中，具备良好的协调和沟通技巧，推动项目高效执行，实现商务目标。

2. 自我管理类课程

职场新人的自我管理能力，是指在职场环境中，个体对自身的行为、情绪、时间、应变等方面进行有效管理和控制的能力。培育职场新人的自我管理能力，对于他们个人的成长和发展具有重要意义，也有助于提高个人的工作效率和成就，增强信心，保护尊严，改善人际关系，实现个人的长期目标。

对于职场新人来说，有效的自我管理是实现职业发展和个人成长的关键。在目标制定方面，可以运用 SMART 原则，即具体（specific）、可衡量（measurable）、可实现（attainable）、相关（relevant）、时限（time-bound），来确保目标清晰、明确且具有可操作性。一些工具，如思维导图软件等能帮助人们梳理目标层次和逻辑关系，甘特图可以直观展示目标的进度和时间安排。此外，借助目标管理软件如滴答清单，人们能方便地设定和跟踪目标。

情绪控制对于职场新人也十分重要。通过记录情绪日记，分析引发情绪的原因和自身的反应模式，人们能更好地掌控情绪。冥想、深呼吸练习等方法，可以在人们情绪激动时帮助平复心情。此外，一些心理测评工具，如情绪智力量表，能让新人更了解自己的情绪特质。利用情绪管理类软件，如潮汐等，人们能在它提供的放松的声音和冥想引导下，缓解压力和焦虑。

时间管理上，番茄工作法是个实用的工具。它将工作时间分割为固定的时间段，在此时间段内集中精力工作，然后适当休息。To-do List 则能帮助人们列出任务清单，按照优先级排序，确保重要任务优先完成。还有时间四象限法则，它将任务分为重要且紧急、重要不紧急、紧急不重要、不重要不紧急，合理分配时间和精力。此外，时间管理软件如时光序，能帮助人们进行全方位的日程规划和提醒。自我激励方面，建立成就档案，记录自己的小成就和进步，给予自己正面反馈；设定奖励机制，当达到特定目标时，给自己一个小奖励。也可使用愿景板，将自己的理想生活和职业愿景以图片和文字的形式呈现出来，激励自己持续努力。

应变能力的提升可以通过案例分析的方式实现，学习他人在不同情境下的应对策略。或者参加模拟训练、角色扮演活动，锻炼应对突发情况的能力；关注行业动态和前沿信息，拓宽视野，增强应对变化的能力。心态调试上，保持积极的心理暗示，告诉自己“我能行”；阅读心灵成长类图书，如《心态》和《被讨厌的勇气》，从中汲取力量；定期与导师或前辈交流，获取经验和建议；参加心理辅导课程或工作坊，学习心态调整的方法和技巧。

对于职场新人来说，他们在入职培训时学习自我管理类课程具有极其重要的意义。通过这类课程，职场新人能学会合理制定目标，明确职业方向，不再迷茫徘徊。良好的情绪控制能力让他们在面对工作压力时保持冷静，积极应对挑战。有效的时间管理则提升其工作效率，任务安排有条不紊。入职培训第一课，万万不能少。

小作业

关于职业操守，以下说法正确的是（　　）。

A. 医疗行业：尊重患者的隐私和尊严，保持专业的态度，遵守道德准则，不断提升自己的医疗水平

B. 金融行业：保守客户的机密信息，遵循诚信和合规原则，具备高度的责任心和责任意识

C. 法律行业：维护法律的公正和尊严，保持独立性和客观性，严格遵守职业道德规范

D. 媒体行业：追求真实和客观，保护消息来源渠道，对社会负责并传递积极的信息

答案：ABCD

第二节 进阶之道，职场新人必备八大素养

宇轩，一个充满活力与激情的“00后”，成功被一家世界500强公司录取为实习生。在实习的三个月里，他以出色的职业素养赢得了公司的认可，最终成功转正。入职的第一天，宇轩就展现出他积极主动的工作态度。主动向同事自我介绍，迅速融入团队，主动发现任务，不放过任何一个学习和成长的机会。对于每一项任务，他都全力以赴，力求做到尽善尽美。

一次，在整理一份重要文件时，他发现了一个小小的错误，及时给予纠正，避免了可能的损失。面对新的工作内容和挑战时，他总能迅速掌握所需的知识和技能，利用业余时间学习专业知识，不断提升自己的能力。他与团队成员紧密合作，充分发挥自己的优势，为团队项目的成功做出了重要贡献。在项目遇到难题时，他主动承担责任，积极寻找解决方案，最终成功克服了困难。实习期间，宇轩优秀的职业素养得到了用人部门的一致认可，最后成功转正。

管理者都希望招聘到像宇轩这样的“00后”新人，不仅具备较高的职业素养，还拥有高度的职业化水平。品质类素养包括但不限于思维、意识、个性、责任心等，技能类素养包括但不限于时间管

理能力、目标管理能力、复盘能力、知识更新能力等。管理者可以从以下八个维度全面提升员工的职业素养。下面，我们将逐一进行分析。

一、思维

在企业中，尽快将新人的学生思维转变为职场思维至关重要。学生时代，人们往往注重理论知识的学习和考试成绩，职场则更强调实际成果和解决问题的能力。新人初入职场，还习惯于等待指示、依赖他人，缺乏主动性和独立性。企业需要通过引导和培训，让他们明白职场中主动沟通、积极承担责任的重要性，要让新人懂得职场不是单纯地完成任务，而是创造价值，关注结果和效益。同时，培养他们的团队协作意识，理解个人目标应与团队和企业的整体目标相契合。只有迅速完成思维的转变，新人才能更好地适应职场环境，发挥自身潜力，为企业的发展贡献力量。下面，我们将成熟的职场思维与幼稚的学生思维进行对比。

职场思维：

A. 承担责任：能够认识到自己的责任，并愿意为之负责。当工作中出现问题时，他们不会推卸责任，而是积极解决问题。

B. 独立思考：能够客观地分析和评估信息，不盲从于他人的观点，独立思考并作出明智的决策。

C. 持续进步：持续学习和自我提升，适应变化的工作环境。

学生思维：

A. 依赖他人：习惯于依赖教师和家长来解决问题。

B . 自我中心：更关注自己的需求和感受，不关注团队和公司的利益。

C. 缺乏主动：习惯于按照课程表和教师的指导来安排学习，缺乏主动性。

二、意识

工作意识，指的是员工对工作及其相关方面所展现出的一种内在的认知和态度。它涵盖了对工作职责的清晰理解、对工作目标的明确追求、对工作质量的高度重视，以及对工作效率的不断提升。有工作意识的员工，通常表现出强烈的责任心。他们深知自己的工作对于整个团队和组织的重要性，对待每一项任务都全力以赴，不敷衍、不推诿。他们能够主动发现问题，积极寻找解决方案，而不是等待问题恶化或他人指示。

对于管理者而言，培养员工的工作意识需要多方面的努力。首先，要明确、清晰地传达工作目标和期望，让员工明白自己的工作价值和方向。其次，建立有效的反馈机制，及时肯定员工的积极表现，指出其不足之处，帮助他们不断改进。再次，为员工提供必要的培训和学习机会，支持他们提升能力。最后，树立榜样，让员工看到较强的工作意识所带来的成果和人们的认可，激发他们效仿和进步的动力。管理者也要以身作则，展现出良好的工作意识和态度，引领团队形成积极的工作氛围。

三、个性

新生代员工的个性很强，有自己的想法，不太容易管理。对于这类员工，企业营造开放的企业文化氛围至关重要，要鼓励创新思维，提出多元化想法，在企业内部形成包容的氛围，允许员工试错和探索。比如，建立创新奖励机制，对提出新颖且有价值想法的员工给予表彰和奖励；打造开放的办公环境，促进员工之间的交流与合作，实现创意的碰撞。

管理者要摒弃传统权威式管理，转变心态，将自己从指挥者转变为引导者和支持者。在沟通中，要以平等的姿态与员工交流，尊重他们的观点，不轻易否定；建立开放的沟通渠道，如定期召开员工座谈会、开通线上交流平台等，让员工能够随时表达自己的想法和意见。对于员工的建议，要认真倾听并给予积极反馈。决策过程中，适当让员工参与，共同讨论决策方案，在一定范围内自主执行任务，增强员工的责任感和归属感，发挥个人优势。

四、责任心

责任心是指具有责任感的心态，指个人对自己和他人、对家庭和集体、对国家和社会所负责任的认识、情感和信念，以及与之相应的遵守规范、承担责任和履行义务的自觉态度。一个有责任心的人会主动去做该做的事，而不会轻易推卸责任或敷衍塞责。

以销售岗位为例，有责任心的员工会有以下表现：

发现产品存在某些潜在问题可能影响客户的使用体验时，他不会选择忽视或隐瞒，而是主动向公司汇报，并积极与相关部门合作，寻找解决方案。面对客户的咨询和投诉时，不推诿责任，而是耐心地倾听客户的诉求，哪怕问题并非完全由自己的环节导致，也会主动协调各方资源，努力为客户解决问题，确保客户满意。

在销售业绩未达标的情况下，不会找借口，而是自我反思，分析原因，主动寻求额外的培训和学习机会，丰富产品知识，提升自己的销售技巧，努力改进以达成目标。当市场环境发生变化，竞争对手推出新的产品或策略时，他会敏锐地察觉到潜在的威胁，主动收集相关信息，分析对本公司业务的影响，并向团队提出应对建议。

五、时间管理能力

时间管理能力是指个体对时间的有效规划、安排和利用，以实现目标并提高工作效率的能力。时间管理的四象限法则对职场新人非常有用，即将任务分为重要且紧急、重要不紧急、紧急不重要、不重要不紧急，优先处理重要且紧急的事务。常用的时间管理软件深受年轻人喜爱，比如时光序，功能全面，涵盖日程安排、习惯打卡等；滴答清单，界面简洁，方便创建和管理任务；专注森林（Forest），通过种树的方式让人保持专注。

以职场新人小张为例，他每天早上使用时光序规划当天工作，根据四象限法则对任务分类，重要且紧急的项目策划工作被排在首位，之后利用滴答清单详细列出策划步骤。工作时开启专注森林（Forest），避免分心玩手机，保持高效专注。中午休息时，他在时光序中回顾上午任务完成情况，调整下午安排。对于重要不紧急的自我提升学习，他会在下班后用时光序设置提醒，定期完成。通过这些软件的合理运用，小张不仅能有条不紊地完成工作，还有时间学习和提升，工作表现非常出色。

六、目标管理能力

目标管理能力是指以目标为导向，以人为中心，以成果为标准，通过外力或个人努力达成预先设定的目标的能力。对于职场新人来说，PDCA 目标管理工具非常有用，即计划（plan）、执行（do）、检查（check）、处理（act）。

以职场新人小李为例，他刚入职一家互联网公司，近期目标是在两周内熟练掌握公司内部使用的各种办公软件。为此，他制订了详细的学习计划（plan），每天安排固定时间学习。然后，按照计划认真执行（do），边学边操作练习。一周后，进行自我检查（check），发现对某些复杂功能掌握不够熟练，针对不足进行调整处理（act），重新安排更多时间练习这些功能。

小李的中期目标是在三个月内独立完成简单的项目任务。他与导师沟通，明确了需要提升的技能和学习的知识，制订了学习和实践的计划，在执行过程中，定期向导师汇报进展，接受指导和建议，及时调整方法。小李的长期目标是在一年内成为团队中的骨干成员。他持续学习行业知识，拓展人脉，积极参与重要项目，不断积累经验和成果。通过这样明确且有规划的目标管理，小李在职业道路上稳步前进。

七、复盘能力

复盘能力指的是对过去发生的事情进行回顾、总结和反思，从中吸取经验教训，并将其应用于未来的决策和行动，以实现不断优化和提升的能力。下面推荐三个常用的复盘工具。

A. 鱼骨图：用于分析问题产生的原因。将问题的各种因素按照不同的分支罗列出来，清晰呈现因果关系，帮助找到问题的根源。

B. 5W2H 分析法：从原因（何因 why）、对象（何事 what）、地点（何地 where）、时间（何时 when）、人员（何人 who）、方法（何法 how）和程度（何量 how much）七个方面进行提问和思考，全面分析问题。

C. 思维导图：将复盘的思路以图形化的方式展示出来，便于梳理逻辑和要点，发现各个因素之间的关联。

职场新人小张，在完成一个重要的项目后进行复盘。首先，他运用 5W2H 分析法，对项目的背景（why）、目标（what）、执行地点（where）、时间节点（when）、参与人员（who）、执行方法（how）和资源投入（how much）进行全面回顾。接着，使用鱼骨图分析项目中出现的问题，比如进度延迟，将原因细分为沟通不畅、任务分配不合理、存在技术难题等分支。然后借助思维导图，整理出成功的经验，如团队协作高效的部分，以及需要改进的地方和对应的解决措施。通过这次复盘，小张明确了未来在项目管理中需要重点关注和改进的方向，提升了自己的工作能力。

八、知识更新能力

知识更新能力指个体能够快速、高效地获取、吸纳和整合新知识，以适应变化的环境，满足新的需求的能力。常见的知识更新工具包括在线学习平台（如 Coursera、EdX，提供丰富课程），知识管理软件（如印象笔记、有道云笔记，利于知识收集整理），知识付费产品（如混沌学园、喜马拉雅，浓缩精华知识）。

以职场新人小赵为例，他在互联网行业工作三年后，明显感到原有的知识和技能逐渐跟不上行业的发展。业务模式不断创新，新技术层出不穷，他在工作中开始感到吃力。意识到这一问题后，他积极采取行动，每天利用碎片化时间阅读行业公众号和博客获取资讯，遇到难题时，在知乎等平台上搜索答案。下班后，他会在Coursera上学习专业课程，并使用印象笔记整理知识点，还购买了混沌学园的课程，在喜马拉雅上收听相关知识讲座。通过这些努力，小赵成功更新了知识，提升了能力，在工作中重新找到了自己的优势。

小作业

按时间管理四象限法则，优先处理的事情为（　　）。

A. 重要且紧急

B. 重要不紧急

C. 紧急不重要

D. 不重要不紧急

答案：A

第三节　意识转换，三招让职场新人快速职业化

某大型公司人力资源总监王总，一提起半年前的“00后”新人小张，还是连连摇头。她说：“小张刚来的时候还行，但是最近他的一些行为实在让人难以容忍。频繁迟到、特立独行不说，竟然屡次擅自修改方案，却未与团队成员沟通，使得整个项目陷入混乱。这可真是让人叫苦不迭。在与同事交流时，他的言语时而过于直接，时而又情绪化，就像颗不定时炸弹，让周围的人都提心吊胆。”

这样的新人，自然被提前结束了试用期。对于管理者而言，在招聘和培养新人时，他们不仅要关注新人的专业能力，更要注重其职业素养。一个不够职业化的员工，可能会给团队带来诸多困扰，影响整个团队的效率和氛围。**如何三招让职场新人快速实现职业化呢？**

一、意识转换，从学生党到职场人

工作意识是指个人对工作的认知、态度和行为倾向，它体现了一个人对工作的责任感、敬业度、团队协作精神、自我管理能力等方面的理解与实践。具有良好工作意识的人，能以积极的态度对待

工作，主动承担责任，追求卓越成果，并与团队成员有效合作，实现个人和组织的共同目标。强化员工的工作意识，快速帮助员工从模模糊糊、浑浑噩噩的学生党状态中脱离出来，成为清醒的职场人，管理者可以采取以下措施。

明确公司愿景和价值观，帮助员工理解自己的工作在大局中发挥的作用，为员工设定具体、可衡量的工作目标，让他们清楚地知道自己需要做什么，以及如何衡量工作成效。员工往往对模糊不清的指示感到迷茫，因此，为他们设定明确的短期目标和长期目标，并提供必要的资源和支持，有助于他们集中精力围绕具体目标努力工作并看到自己的成长和进步。

定期与员工沟通，提供反馈意见，让他们知道自己的工作表现，以及如何改进。如设计固定的沟通时间表，每月或者每周组织一次一对一的会议，确保及时了解员工的工作进展，鼓励员工提出自己的想法和意见。比如脸书（Facebook）、亚马逊等公司采用早餐会的形式，让管理者和员工在轻松的环境中交流意见。

为员工提供培训和发展的机会，让他们不断学习和成长，提高职业素质和能力。培训的形式可以多种多样，比如内部讲师分享经验、在线学习、案例分析、小组项目合作、角色扮演、游戏化学习、跨部门交流、导师制度、知识竞赛、经验分享会、实地考察等。

二、行为转换，从被动人到主动人

在我们的生活和工作中，常常可以观察到人们表现出各种各样的行为差异。这种差异的产生并非偶然，而是受到诸多因素的综合影响。比如，动机是行为的内在驱动力。不同的人拥有不同的动机，有的人追求物质回报，有的人更看重精神满足，这就导致他们面对相同情境时会做出截然不同的选择和行动。

环境对人的行为也起着重要的塑造作用。一个积极向上、鼓励创新的环境，会促使人们勇于尝试、大胆创新，而一个压抑、保守的环境可能让人变得谨小慎微、墨守成规。价值观同样深深地影响着我们的行为。秉持不同价值观的人，在面对道德、伦理等问题时，会有完全不同的判断和反应。比如，重视公平、正义的人会坚决抵制不正当竞争，注重个人利益的人则可能会为达目的不择手段。情感的作用也不可忽视。积极的情感能激发人的积极性和创造力，消极的情感则可能使人消极怠工或采取冲动的行为。

以销售岗位和研发岗位为例。

销售岗位：员工的行为可能受到业绩压力、竞争环境、奖励制度等因素的影响。他们可能会受追求高业绩和丰厚奖励的动机驱使，积极争取客户。

研发岗位：员工的行为可能受创新氛围、技术资源、团队合作等因素的影响。他们可能会因为对专业领域的热爱和追求卓越的动力专注于技术研究和创新。

在企业中，改变员工的行为是一项具有挑战性但至关重要的任务。要实现这一目标，企业可以采取多种策略。如正向改变员工行为，首先要明确、清晰地传达企业的价值观和目标，让员工明白什么样的行为是与企业期望相符的。设立激励机制，如奖励、表彰、晋升等，鼓励员工展现出积极的行为。负向改变员工行为时，需要及时且明确地指出其不当行为及后果。但批评应注重方式方法，避免过度指责，而是共同探讨改进的方法。

无论是正向的还是负向的改变，沟通都是关键因素。管理者要与员工进行开放、诚实和彼此尊重的沟通，了解他们的想法和困难，共同寻找解决问题的途径。此外，营造积极的企业文化氛围，让员工在相互影响和带动下，自觉改变不良行为，朝着有利于企业发展的方向前进。

三、角色转换，从个体人到团队人

企业要迅速帮助职场新人完成角色转变，让他们明白在企业中自己不仅是个体，更是团队中的一员，因为许多工作目标的达成依赖团队协作。为培养员工的团队精神，企业可以采取多种形式。

室外拓展活动是常见且有效的方式之一。比如"盲人方阵"游戏，团队成员蒙上眼睛，在规定时间内依靠彼此的沟通协作将一根绳子围成指定的形状，这能增强团队成员之间的信任与沟通能力。又如"接力拼图"游戏，将一幅拼图分成若干块，小组成员依次接力完成拼图，考验团队的分工与协作效率。

某互联网企业为增强员工的团队精神，组织了一系列活动。首先是户外徒步拓展，途中设置各项团队任务，如共同寻找特定的地标、完成小组摄影挑战等，让员工在相互支持中增进感情。其次是组织团队拔河比赛，各部门组队参赛，在激烈的竞争中培养团队的凝聚力和拼搏精神。最后是定期开展"密室逃脱"团队活动。员工需要分工合作，破解谜题，共同逃出密室，锻炼团队在压力下的协作和应变能力。通过这些活动，员工深刻地体会到团队合作的重要性，促使他们在日常工作中积极配合，相互支持。面对复杂的项目和紧急任务时，团队成员能够迅速形成合力，高效完成工作，为企业的发展注入了强大的动力。

小作业

正向改变员工行为时，企业可以怎么做？（　　）

A. 明确清晰地传达企业的价值观和目标

B. 让员工明白什么样的行为是与企业期望相符的

C. 设立激励机制，如奖励、表彰、晋升等

D. 以上都可以

答案：D

第四节　职业标准，不同时期如何考核职场新人

A公司是一家综合性集团公司，"00后"小李担任市场营销专员一职。公司对他进行了全面考核，以评估他是否能够通过试用期。首先，要求他完成市场调研任务并撰写报告，以考察他的信息搜集与分析能力。其次，让他参与市场推广活动，观察他在创意和执行方面的表现。最后，在各类员工交流活动中，观察他的团队合作和人际交往能力。

在试用期，小李展现了出色的市场洞察力，他的报告内容详尽且有深度。在市场推广活动中，他的创意为项目带来了新的思路。然而，他在团队合作中遇到了一些挑战。管理者第一时间与他沟通，并给予指导，帮助他改进，为他提供了必要的支持。通过这样的考核方式，小李成功通过试用期，成为团队的正式成员。

通过这个案例，我们发现：明确的考核标准有助于企业全面评估新员工的能力；及时沟通和指导，能帮助新员工不断提升；给予新员工实际的工作任务，能让他们在实践中更好成长。由此可见企业绩效考核意义重大。**彼得·德鲁克说：衡量一个企业的管理能力，最重要的尺度就是绩效。**它如同一面明镜，反映出员工的工作成果

与不足。**绩效考核是对员工工作表现和成果的评估方法，其标准通常包括工作任务的完成质量、效率，以及被考核人的工作能力、职业素养等。**

在员工入职后的不同阶段，企业都需要制定相应的考核标准，通过过程管理促使员工达成业绩。下文将从0～30天、30～90天、90～180天、180～360天、1～3年、3～5年这六个关键时间段制定详细的员工考核标准。

一、0～30天的考核标准

企业在员工入职的30天内会重点考察多个方面。例如，工作适应性上，能否迅速熟悉公司的组织架构、办公软件的使用；学习能力上，对于新的业务知识，如特定行业的市场趋势、竞争对手分析等，能否快速掌握；工作态度上，是否能按时到岗，对分配的任务不挑拣，积极主动承担；团队协作上，看能否积极参与小组讨论，乐于分享自己的想法，善于倾听他人的意见，如在策划新品推广方案时，与团队成员密切配合。同时，任务完成情况是重要的考察点，如要求新员工在两周内完成一份初步的市场调研报告，观察其能否按时、高质量地交付，数据是否准确，分析是否有深度和独到见解。通过这些具体的考察，企业能全面了解新员工，为后续的培养和任用提供依据。

二、30～90天的考核标准

在员工入职的30～90天内，以软件开发工程师为例，企业会着重从多个方面进行考察。例如，布置一些具有一定难度的开发任务，如设计一个小型的数据库管理系统或者优化现有程序的性能，以此检验员工对编程语言、算法和数据结构的掌握程度，以及解决复杂技术问题的能力；安排员工参与实际的项目开发工作，如一个移动端应用的部分模块开发，考察他能否按照预定的时间节点完成任务，能否合理规划开发进度，有效应对可能出现的需求变更和技术难题；审查其编写的代码是否具有良好的可读性、可维护性和可扩展性，是否遵循了公司的代码规范和最佳实践。

团队协作能力不可忽视。在团队开发项目中，观察他能否与团队成员有效沟通，能否理解他人的代码和设计思路，能否积极分享自己的技术见解，共同解决技术难题。学习与创新能力同样重要。鼓励员工接触新的技术框架和工具，看他是否能快速学习并将其应用到工作中。例如，当项目需要引入新的前端框架时，考察其能否迅速掌握并在开发中灵活运用。此外，还要关注员工面对技术挑战时的态度和解决问题的思路，是否具有独立思考和创新的能力，能否为项目提出优化建议和创新性的解决方案。通过对这些方面的综合考察，企业能够更全面地了解软件开发工程师在这一阶段的工作表现和能力，为其后续的职业发展和工作安排提供有力的依据。

三、90 ~ 180 天的考核标准

以营销专员为例，在此阶段，企业可进行以下深入考察。设定明确的销售目标，如在此期间实现一定金额的销售额或者获取一定数量的新客户，考察员工是否能够按时完成这些量化的业绩指标。在客户拓展能力方面，关注其能否开拓新的客户渠道，不仅仅是增

加客户数量，还要看拓展的客户质量和潜在的合作价值。比如，是否成功与行业内有影响力的大客户建立联系。

同时，要求其对特定市场进行深入调研和分析，提供有价值的市场趋势和竞争态势分析报告，判断其能否准确把握市场动态，为营销策略的制定提供有力依据。观察他在团队项目，如联合推广活动中，是否能够积极配合他人，充分发挥自己的优势，共同推动活动取得良好效果，在团队中建立良好的合作关系。

在这个阶段，员工的状态逐渐稳定，对工作流程和业务有了更深入的了解，但也可能面临工作压力带来的挑战。例如，为了完成阶段性的销售考核，可能需要投入更多的时间和精力去拓展客户，提升销售技巧。他们也在努力适应团队文化和工作节奏，期望通过良好的表现获得认可和职业发展机会。通过对这些方面的全面考察，企业能够更准确地评估营销专员在这一阶段的工作表现和潜力，为后续的职业发展规划和工作安排提供重要参考。

四、180 ~ 360 天的考核标准

当员工入职达到 180 ～ 360 天，此时已通过试用期，企业会对员工进行更深入的考核与培养。以人力资源专员为例，考核标准和培养方向会更为细致和具有挑战性。在招聘方面，会设定明确的招聘人数指标，不仅考察数量，还关注招聘人员的质量、匹配度，以及入职后的稳定性。比如，要求在特定时间段内成功招聘一定数量的关键岗位人才，且这些人员在试用期内的表现需要达到一定的满意度。

培训工作的考核会着重于培训课程的效果评估，可能会要求其

设计并实施一系列的内部培训课程，然后通过员工的反馈、知识掌握程度的测试，以及实际工作中的应用效果来衡量培训成效。绩效完成情况是对员工进行综合考量的重点，包括但不限于按时完成各项人力资源相关报表和数据分析，准确执行绩效考核流程，以及有效处理员工关系问题等。

此外，还要关注他们在人力资源规划和战略制定方面的能力。例如，能否根据公司发展战略，合理预测人力资源需求，提出有效的人才储备和发展计划。企业可能会为其制订深层次的培训计划，如参加专业的人力资源管理研讨会，了解最新的行业动态，学习新的管理理念；或者参与跨部门项目，了解公司整体运营流程，提升其综合协调能力。在实际工作中，企业会给予他更多复杂的任务，如进行大规模的员工岗位调整等，以考验其应对复杂情况的能力和决策水平。通过这些考核和培养措施，企业期望人力资源专员能够不断成长，为公司发展提供更有力的人才支持。

五、1～3 年的考核标准及培养计划

以财务岗位为例，在专业能力上，考察员工对财务法规、税务政策的掌握和运用是否精准，财务报表的编制和分析是否深入且准确。在问题解决方面，看其面对复杂的财务问题，如预算超支、财务风险等，能否迅速提供有效的解决方案。若负责带领团队，评估其团队组织、任务分配和人员培养的成效。

为降低 3 年左右的离职可能性，企业将提供更多的个人发展机会。如安排参加行业内的高端财务研讨会，与同行交流前沿理念和实践经验；提供领导力培训课程，提升其团队管理和决策能力；安

排参与重大项目，如公司上市前的财务筹备工作，锻炼其应对复杂财务事务的综合能力，或者派往分公司进行财务审计和规范指导，拓宽业务视野，丰富实践经验。

这些观察、考核和培养措施，既可为员工的职业发展提供明确的方向和有力的支持，也增强了员工对企业的归属感和忠诚度，实现企业与员工的共同成长。

六、3～5年的考核标准及培养计划

对于拥有3～5年工龄的员工，企业的考核标准集中在专业能力的深度与广度以及团队协作能力上，即能否在本职领域持续精进并能拓展新的技能，能否高效地与不同部门配合，推动项目进展，对工作任务是否有强烈的担当，是否能确保工作质量与进度，面对复杂问题时能否迅速分析并提出有效的解决方案等。

对于工作3～5年、专业能力过硬且有望提拔到领导岗位的员工，企业会为其提供领导力培训。常见的新晋管理者培训课程包括：决策能力培训，通过案例分析和情境模拟，练习在复杂环境中作出明智、准确的决策；团队建设与管理培训，如组织团队拓展活动，传授打造高效团队、激励成员和处理冲突的技能；沟通与协作能力培训，组织角色扮演和讲座，提升不同层面的沟通和跨部门协作技巧；战略规划能力培训，参与战略研讨会议，制订小型项目规划，理解公司战略，学会规划部门或项目。

在这些领导力课程中，新晋管理者将学到以下内容：如何权衡利弊作出最优决策，激发团队活力，促进成员成长；如何处理团队内部问题，与不同对象有效沟通，协同跨部门工作；以及如何将个人工作与公司战略融合，制订切实可行的规划等。通过这些培训，他们可以顺利转型成为优秀的管理者。

小作业

新晋管理者的领导力课程，包含以下哪些内容？（　　）

A. 如何权衡利弊作出最优决策

B. 如何激发团队活力，促进成员成长，处理团队内部问题，与不同对象有效沟通，协同跨部门工作

C. 如何将个人工作与公司战略融合，制订切实可行的规划

D. 以上都是

答案：D

本章小结

在这一章中，我们深入探讨了职场新人的职业素养，如思维、意识、个性、责任心，以及时间管理能力、目标管理能力、复盘能力、知识更新能力等对企业的重要性。企业为使职场新人快速职业化，可通过意识转换、行为转换和角色转换三个办法来实现。

针对新人，在不同时期制定相应的考核标准也至关重要。从 0 ～ 30 天的初步适应期，到 30 ～ 90 天的深入磨合期，再到 90 ～ 180 天、180 ～ 360 天以及 1 ～ 3 年、3 ～ 5 年等不同阶段，都有具体的考核侧重点。通过这些明确的标准和工具，企业能够更好地引导和培养新人，让他们逐步成长和成熟。只有企业重视新人的培养和发展，为他们提供适宜的环境和有效的引导，职场新人才能不断提升自我，补齐职业素养上的短板。职场新人自身也应努力培养和践行八大素养，积极满足企业的要求并做出转变。在企业与新人的共同努力下，新人能够更快地融入职场，为企业创造价值；企业也能获得更具活力和潜力的人才资源，实现共赢，不断发展，在激烈的市场竞争中立于不败之地。

本章金句

基础能力勤打磨，制定标准育人才。

新生代们齐奋进，职业生涯铸辉煌。

新生代员工们无论选择什么职业，保持高标准的职业素养必不可少，只有这样，才能在不断变化的环境中立足并取得成功。

第四章

锻造内力：如何带教和培育员工

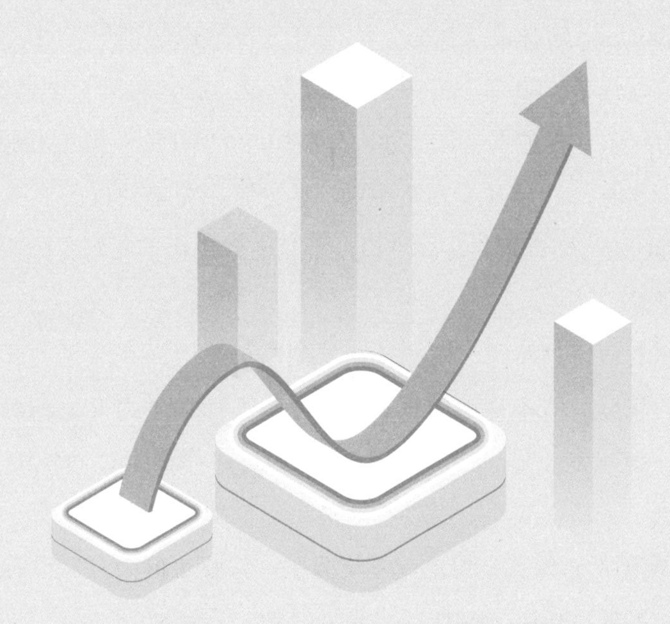

第一节 不懂带人，你凭什么做管理者

我们先来看两个故事。

● 故事 1：疲惫的经理

"90 后"的林晨（化名）刚刚升任技术部的部门经理，他的团队里有好几名"00 后"的年轻员工。一次，部门接到一个重要项目，林晨像往常一样独自制订计划，分配任务。"00 后"员工小刚提出需要培训指导，林晨却非常不耐烦，认为这么简单的任务他不可能不会，"00 后"们肯定是在找借口，于是他直接让下属们自己琢磨，完全不指导。

随着项目的推进，问题不断出现。员工因为不清楚要求，频繁出错，林晨只能不停地纠正和补救，每天都加班到很晚，累得筋疲力尽。他越发觉得"00 后"员工不靠谱，而员工也对他的管理方式不满。一次会议上，"00 后"员工小明提出一个新想法，林晨却直接否定："你的这个想法太不实际了，按我说的做！"小明刚想解释，林晨却打断他："别废话，我是经理，听我的！"员工心里委屈，觉得林晨不尊重他们的意见，林晨也觉得员工不好管理，矛盾越来越深。林晨压力巨大，员工开始消极对待工作，每个人都疲惫不堪，项目进展缓慢。

故事 2：不会布置任务的经理

在一家充满活力的互联网公司，“90 后”营销经理小明管理着一支以“95 后”“00 后”为主的年轻团队。小明充满激情，总是有许多新奇的想法，但在带领员工方面有些力不从心。每次分配任务时，小明总是说得含糊不清，让员工摸不着头脑，只能凭着自己的理解去工作，结果自然是五花八门，离小明的期望相差甚远。

一天，公司接到了一个重要的项目，需要团队紧密合作。小明像往常一样，简单说了几句，然后就坐等成果。然而，由于大家对任务的理解不同，工作进展十分缓慢。眼看截止日期就要到了，小明急得像热锅上的蚂蚁，员工也怨声载道。最后，项目勉强完成，效果却不尽如人意。客户不满意，老板也对小明的管理能力产生了怀疑。

不懂带人，你凭什么做管理者！两个故事中的主人公显然就是犯了这个错误。带人，即领导者或者管理者通过有效的方法和策略，引导、激励和培养下属。彼得·德鲁克说过，领导者的唯一定义就是其后面有追随者。这足以说明带人的重要性。

很多公司的初级管理人员会遇到故事中主人公同样的困惑。上级布置的任务，自己独立完成的话，保证不会出现任何问题，可是当需要带领下属完成的话，工作进度反而会拖延。长此以往，结果就是，自己不可能放心地把手头的工作交给下属去做，只能自己什么都干，累不说，好的下属也会因为没有锻炼的机会而离职。

管理者不会带人，让员工在迷茫中摸索，无法充分发挥自身潜能，宝贵的时间和资源被浪费，生产效率和服务质量大打折扣。这种低效率不仅影响了当前业务的开展，更让企业在市场竞争中失去先机，团队内部的氛围也会变得紧张与消极。成员之间相互猜忌、推诿责任，缺乏凝聚力和向心力。

在这样的环境下，员工工作的积极性和创造力被无情扼杀，企业也因而失去了创新的活力和前进的动力。人才的流失更是不可承受之重，那些具备专业技能和创新思维的精英纷纷另寻高枝，企业的人才储备日渐空虚。盈利能力也会随之遭受重创，成本上升，市场份额萎缩，客户满意度下降，利润如同沙漠中的水滴迅速干涸。最终，企业的发展之路布满荆棘，前进的步伐被重重阻碍，难以实现战略目标，甚至在激烈的市场竞争中面临被淘汰的危机。

例如，在生产部门，管理者不能有效带人，员工可能不清楚工作流程和标准，生产效率低下，产品质量难以保证。团队内部可能充满矛盾，员工缺乏工作积极性和主动性。优秀的员工可能因为得不到认可和发展机会而离职，导致人才短缺，部门业绩受到影响，无法满足市场需求，阻碍企业发展。

我的工作是带领一群优秀的人，帮助他们成为更好的自己！

——史蒂夫·乔布斯

如果管理者想帮助员工成为更好的自己，就必须提升领导力。然而，提升领导力并非一蹴而就，而是一个系统且持续的过程。接下来，我们以销售部门管理者为例，揭示其提升领导力的五个关键步骤。

步骤 1：明确目标

销售部门管理者在制定目标时，需要综合考虑多种因素。首先，要对市场趋势、竞争对手以及公司发展战略有清晰的认识，明确公司销售业务的优势、劣势、机会和威胁，从而设定切实可行且具有挑战性的目标。其次，运用历史数据分析法，参考过去销售业绩的增长趋势和市场变化规律，预测未来的销售情况。

在目标拆解方面，管理者要先将总体销售目标按产品类别、销售区域、销售渠道等维度进行细分，然后根据员工的能力、经验和过往业绩，合理地确定他们须分摊的目标。假设某销售团队的年度目标是销售额达到 800 万元，那么，对于业绩突出、经验丰富的员工，如小李，过往能轻松完成 150 万元的销售额，可分配 200 万元的目标，并给予他开拓新市场等具有挑战性的任务；对于有一定经验但业绩中等的员工，像小王，以往能完成 100 万元左右的销售额，可分配 130 万元的目标；对于新员工小张，他缺乏经验，可先分配他 50 万元的目标，并安排导师指导，随着其能力提升再逐步增加任务；对于经验欠缺且业绩不太理想的员工，如小赵，以往完成 80 万元左右的销售额，可先设定 100 万元的目标，同时加强培训和辅导。管理者要与员工充分沟通，确保他们理解并认同目标，激发他们的积极性和责任感。

步骤 2：建立信任

信任在建立人与人之间的关系中极其重要。对于管理者和员工，信任是他们高效合作的基石。管理者只有与员工建立充分信任的关系，才能激发员工的积极性和创造力，让员工愿意全身心投入工作，为实现共同目标而努力。

在常见的培训课程中，有多种活动和形式能增进管理者与员工之间的信任。例如“搭建高塔”游戏，即将管理者和员工分成若干小组，每组获得相同的材料，如吸管、胶带等，要求在规定时间内共同搭建一座尽可能高且稳定的塔。在这个过程中，大家需要充分交流、分工协作，管理者要倾听员工的想法，员工也要信任管理者的决策，共同克服困难，完成任务。又如“心灵地图”活动，让员工和管理者各自画出自己心中理想的工作场景和团队关系，然后互相分享和交流。通过这种深度的心灵展示，管理者与员工能更了解对方的期望和价值观，从而增强信任。再如“共解谜题”活动，设置复杂的谜题或智力游戏，管理者和员工一起思考、探讨解决方案。在这个过程中，大家能看到彼此的思维方式和能力，增进对彼此的认可和信任。

● 步骤3：有效沟通

管理者与下属进行有效的沟通至关重要。管理者可以通过多种形式与下属交流分享销售数据、市场动态和客户反馈等重要信息。例如在会议上，管理者用清晰的图表和详细的报告展示销售数据，如销售额、成交率等，分析数据背后的原因和趋势。同时，介绍新的市场动态，包括竞争对手的策略变化、行业的新兴趋势等。对于客户反馈，管理者可以分类整理并重点阐述共性问题和关键意见。

非正式的沟通形式也不可或缺。例如团队午餐时，管理者可以自然地提及市场上的一些有趣现象和潜在机会，引发大家讨论。再如，管理者在工作群里及时分享重要的行业新闻链接或简短的市场洞察，下属可以随时发表看法，或者在实地陪访客户后，与负责的销售人员立即交流心得，给予针对性的建议等。通过正式与非正式相结合的沟通形式，管理者能够让下属及时掌握关键信息，增强团队的凝聚力和战斗力，共同推动销售业绩的提升。

步骤 4：提供支持

从公司层面来说，要提供充足的销售材料，如精美的产品宣传册、详细的产品说明书，以及权威的市场调研报告等，让员工面对客户时有充分的资料支持。同时，也要配备先进的销售工具，如客户关系管理系统（CRM），帮助员工更高效地管理客户信息，跟进销售进度。

在部门层面，管理者定期组织销售技巧培训，邀请业内专家或经验丰富的销售人员分享实战经验，提升员工的销售能力。针对不同员工的特点和需求，制订个性化的培训计划。同时，为员工提供及时、准确的市场信息和竞品分析，让员工清晰了解市场动态，找准销售切入点。精神层面的支持也至关重要。管理者通过鼓励和肯定，增强员工的自信心，调动工作积极性。当员工遇到挫折时，要给予耐心的倾听和开导，帮助他们调整心态，重新振作，营造积极向上、团结协作的团队氛围，让员工有较强的归属感，感受到团队的力量，从而更有动力去迎接挑战，为实现销售目标而努力拼搏。

步骤 5：激励团队

激励对于销售团队的重要性不言而喻。在充满挑战和竞争的销售领域，有效的激励能极大地激发团队成员的积极性和创造力，从而显著提升销售业绩。设立阶梯式的销售目标奖励机制，不仅包括达到基本销售目标的常规奖励，如现金红包、绩效加分，还包括超越更高销售目标的丰厚奖励。比如，当团队销售额超过预定目标的50%时，为每位成员提供新款的电子产品或高端健身器材。又如，针对突出贡献者，给予专属的荣誉称号，如“销售之星”“金牌销售团队”等，并在公司内部宣传平台进行展示，增强其荣誉感和成就感。再如，提供个性化的福利激励，根据员工的兴趣爱好，为达成特定销售业绩的员工提供音乐会门票、运动赛事入场券或者美容养生套餐等。

实施弹性工作制度激励，对于连续几个月达到优秀销售业绩的团队成员，允许他们自主选择工作时间或在家办公的天数，以提高工作的满意度和自由度。设立团队合作奖励，当整个销售团队在协作项目中表现出色时，为团队提供建设基金，用于集体聚餐、户外拓展等活动，增强团队凝聚力。引入积分奖励系统，员工完成销售任务、拓展新客户、提供优质服务等时可获得积分，积分可用于兑换带薪休假、参加培训课程、享有职业发展咨询等福利。开展内部销售竞赛，获胜团队或个人有机会与公司高层共进午餐，直接交流并获得指导和建议。通过这些创新且具有吸引力的激励机制，企业能够充分激发销售团队的活力和潜能，促使他们为实现销售目标全力以赴。

小作业

管理者与下属沟通的方式有哪些？（　　）

A. 正式沟通，如会议

B. 非正式沟通，如午餐

C. 即时沟通，如线上沟通

D. 以上都是

答案：D

第二节　标准模板，带教员工的三个必备工具

标准化带教员工，是管理者的必备能力。什么是带教能力？它是指管理者在领导和指导团队成员时，所具备的引导、培养和发展下属的能力。包括以下三个方面：传授知识和技能、激发员工的潜力和积极性、及时给予员工指导和建议。

管理者的带教能力不仅仅是简单地传授工作方法，更重要的是培养员工自主学习和解决问题的能力，塑造积极的工作态度和价值观。这种能力对于团队的发展和绩效的提高有着至关重要的影响，有助于提高员工的工作效率，增强团队的凝聚力，进而推动团队持续进步和成功。那么，如何省时省力、标准化地带教员工呢？有以下三个办法。

一、标准化做带教，优先用模板

工作模板是一种标准化的文件或工具，用于指导和规范特定工作的执行。在管理者带教员工的过程中，合理运用工具模板至关重要。这些工具模板具有诸多显著特点。其一，它拥有规范的格式，为信息的整理和呈现提供统一标准，使内容清晰明了、条理分明。

其二，步骤详细，宛如为员工铺设了一条清晰的道路，让他们明确知晓每一个步骤应如何操作，大大提高了工作效率，减少了摸索和试错的时间。完整的工作模板能够保证质量的稳定性，避免因人为疏忽或经验不足而失误，使得成功的经验能够被多次借鉴和运用，新员工也能迅速上手。

工作模板的常见形式如下。

（一）工具表格

甘特图：以条状图的形式展示项目任务的时间安排，包括任务的开始时间、结束时间和持续时间，直观地反映项目进度和各任务之间的关系。

鱼骨图：又称因果图，通过图形展示问题的潜在原因，深入剖析问题根源，寻找解决办法。

SWOT 分析表：用于分析企业或项目的优势（strength）、劣势（weakness）、机会（opportunity）和威胁（threat），帮助制定战略决策。

如某智能手表公司，用 SWOT 进行以下产品分析。

优势（strength）：

强大的技术研发能力，实现精准的健康监测功能，如心率、睡眠质量监测等。

时尚的外观设计，有多种表带和表盘可供选择，满足不同用户的审美需求。

优质的客户服务，提供快速响应和完善的售后保障。

与知名运动品牌合作，提升了品牌形象和市场认可度。

劣势（weakness）：

电池续航能力相对较弱，无法满足长时间使用的需求。

操作系统相对复杂，对于部分老年用户或技术小白，上手难度较大。

价格较高，相比同类竞争产品，在价格上不具优势。

机会（opportunity）：

随着健康意识的增强，人们对健康监测类产品的需求不断增加。

智能穿戴设备市场持续增长，有拓展新客户群体的潜力。

5G 技术的普及，为智能手表的功能拓展提供了更多可能，如更快速的数据传输和更丰富的应用场景。

威胁（threat）：

市场竞争激烈，众多品牌不断推出类似产品，竞争压力大。

技术更新换代快，如果不能及时跟上，可能被市场淘汰。

消费者需求变化快，若不能准确把握市场趋势，可能导致产品滞销。

（二）文档模板

下面以项目计划书模板为案例进行具体分析。

项目计划书通常包括项目背景、目标、范围、时间安排、任务分解、资源需求、风险评估等部分。它能帮助团队清晰规划项目的各个方面，明确工作重点和时间节点，为项目的顺利推进提供指导。

项目名称：企业员工培训平台开发

1. 项目背景

随着公司业务的快速发展，员工的专业技能和综合素质需要进一步提升，现有的培训方式效率低下，无法满足员工多样化的学习需求。因此，公司决定开发一个在线员工培训平台，为员工提供丰富的课程资源和便捷的学习方式。

2. 项目目标与范围

目标：搭建一个功能齐全、易于使用的员工培训平台；至少上线 50 门涵盖不同领域的优质课程；实现员工学习进度跟踪和学习效果评估功能。

范围：包括平台的设计、开发、测试和上线；涉及课程的采购、录制和整合。

3. 时间安排

需求调研与分析：第 1 ～ 2 周。

平台设计：第 3 ～ 4 周。

开发与编码：第 5 ～ 10 周。

测试与修复：第 11 ～ 12 周。

课程整合与上线：第 13 ～ 14 周。

4. 任务分解

需求调研小组：负责与相关部门沟通，收集需求。

设计团队：完成平台架构和界面设计。

开发小组：进行平台的功能开发。

测试团队：对平台进行全面测试。

课程采购与录制团队：获取和制作优质课程。

5. 资源需求

人力资源：需要调研人员 2 名、设计师 3 名、开发人员 5 名、测试人员2名、课程采购与录制人员4名。

技术资源：服务器、开发软件、测试工具等。

预算：总计50万元，包括人力成本30万元，技术设备采购成本10万元，课程采购成本10万元。

6. 风险评估

（1）技术难题：可能在开发过程中遇到技术瓶颈，影响进度。

应对措施：提前进行技术预研，寻求外部技术支持。

（2）课程质量：采购的课程可能不符合预期。

应对措施：严格筛选课程供应商，进行课程试听和评估。

（3）需求变更：相关部门可能提出新的需求或变更现有需求。

应对措施：建立变更管理流程，控制需求变更范围。

二、复盘工作结果，定期给反馈

什么是复盘？复盘是一种对过去发生的事情进行回顾、分析和总结的工作方法。通过对已完成的工作、项目或事件进行系统的回顾和反思，员工可获取经验教训，发现问题，进行改进，并为未来的决策和行动提供参考和指导。

常见的3个复盘工具如下。

（1）思维导图：可以清晰地呈现事件的各个方面，帮助梳理思路。常见的思维导图有逻辑思维导图、组织结构思维导图、树状思维导图等。

（2）信息比对：用于列出关键信息，进行对比和分析。以销售岗位为例，销售人员可以对比不同时间段的销售数据，如月度、季度或年度的销售额、销售量等。通过这种对比，他们能够直观地看出销售业绩的起伏，分析出销售旺季和淡季的规律；还能对比不同产品的销售情况，了解哪些产品更受市场欢迎，哪些产品销售不佳，从而调整销售策略，重点推广畅销产品，优化库存管理。

（3）时间轴：按照时间顺序记录事件发展过程，便于发现规律和趋势。以项目管理岗位为例，时间轴至关重要。员工需按时间顺序记录项目的关键节点，如启动时间、需求调研时间、方案设计完成时间、开发周期、测试时间、上线时间等，清晰呈现项目的发展过程，便于把控进度，及时发现偏差并调整，确保项目按时交付。

借助以上三个复盘工具，员工可以寻找到可能导致效率低下的原因或需优化的步骤，以提高销售的顺畅性和效率，深入分析交易成功的原因，提炼出可复制的经验，评估与团队成员之间的合作效果，探讨是否存在更好的协作方式，提升团队的整体销售能力。销售专员还需进行自我评估，思考个人在销售技巧、产品知识、沟通能力等方面的优势和不足，并制订个人发展计划来提升自身能力。最后，根据复盘结果制订详细的改进计划，明确下一阶段的销售目标和具体的行动计划，确保能够总结经验，吸取教训，不断优化销售工作。

三、建立工作信任，亦师亦友

管理者可以通过以下三个步骤塑造工作权威。

步骤 1：亦师亦友

“00 后”员工希望与管理者建立平等、友好的关系。管理者不仅要在工作上给予员工指导和帮助，还要能与他们打成一片，成为他们工作中的导师和生活中的朋友。例如，管理者可以定期与员工进行轻松的交流，了解他们的兴趣爱好和生活情况，组织一些有趣的团队活动，增进彼此之间的友谊。

以下是 5 个适合与"95 后""00 后"新生代下属交流的轻松话题。

（1）流行文化：比如国潮文化、盲盒、热门电影、说唱音乐、仙侠剧、甜宠剧、穿越剧、短剧、竞技类综艺等。

（2）科技潮流：如智能穿戴、智能家居、无人机、互联网趋势、电竞游戏等。

（3）社交媒体：讨论热门的社交平台和话题，如 B 站、小红书、抖音等。

（4）美食零食：交流喜欢的餐厅、美食以及办公室零食，如三只松鼠、辣条等。

（5）动漫游戏：如《火影忍者》《漫威系列》《王者荣耀》《英雄联盟》等。

步骤 2：充分授权

面对新生代员工，管理者以往那种严格管控的方式往往会适得其反。新生代员工更渴望拥有自主和创新的空间，因此，充分授权成为管理者的明智之选。以市场营销岗位为例，管理者可以给予员工自主策划和执行小型营销活动的权力，让他们在一定的预算和目标范围内，拥有自己的创意和想法，不必事事请示汇报。这样不仅能激发员工的积极性和创造力，还能培养他们独立解决问题的能力。再如软件开发岗位，管理者可以授权员工自主选择技术工具和开发方法，只要按时交付满足需求的产品即可。在这个过程中，员工能够感受到被信任和尊重，更有动力去追求卓越。

当管理者充分授权，并非完全放手不管，而是在关键节点提供指导和支持。通过这种方式，员工能够更好地成长，管理者也能在员工心中树立起真正的权威，实现团队的高效协作和共同发展。

步骤 3：透明公正

新生代员工成长于信息高度发达、教育普及且注重个体发展的时代，他们所接受的教育以及时代特性，促使他们在职场中追求与上级和同事建立平权、平级和平等的关系。因此，企业的考核机制需要设置得更加透明和公正。

首先，建立透明的绩效考核制度，明确具体且可量化的考核指标和标准，让员工清楚知晓自己的工作表现如何被评估。例如，对于销售岗位，将销售额、客户满意度、新客户开发数量等作为核心考核指标，详细阐述达到优秀、良好、合格等不同等级的具体数值要求。同时，考核过程公开透明，允许员工查看他人的考核结果和评价，以促进相互学习和监督。

其次，实行开放的沟通机制。定期组织召开全员大会，由高层领导分享公司的战略规划、业务进展和面临的挑战，让员工全面了解公司的整体情况。此外，搭建便捷、高效的内部沟通平台，鼓励员工发表意见和建议，及时给予回复，确保信息的双向流通顺畅无阻。

最后，建立公平的晋升制度。明确晋升的具体条件和流程，如工作年限、业绩表现、领导能力、团队合作能力等，严格按照标准执行。在晋升评估过程中，引入多方评价，包括上级、同事和下属的评价，避免单一评价的主观性和片面性，确保晋升结果公正、合理。通过以上透明、公正的机制，企业能够打造一个公平、开放且充满活力的职场环境，充分激发新生代员工的潜力，实现企业与员工的共同成长。

小作业

管理者如何与新生代员工建立彼此的信任？（　　）

A. 亦师亦友

B. 充分授权

C. 透明公正

D. 以上都是

答案：D

第三节 任务升级，培育员工的三个步骤

培养人才，是领导者最重要的工作。

——杰克·韦尔奇

在竞争激烈的当今社会，培育优秀员工成为企业取得成功的关键。**员工是企业的未来，他们的成长与发展直接影响着企业的成长和发展。**

培育员工指的是通过系统性、针对性的手段和路径，助力员工增长知识，提高综合能力与职业素养，以实现个人进步和组织发展的过程。通过培育员工，组织能够提高员工的工作成效，增强组织的竞争力，推动组织可持续进步；储备人才，形成共同的价值观，为企业的长远发展奠定坚实的基础。员工也可以实现个人的价值和职业发展目标，增强工作成就感。我们可以通过以下三个步骤进行员工培育。

一、精准确定岗位职责

岗位职责是对一个岗位所应承担的工作任务、责任和权限的具

体说明。它明确规定了员工在该岗位上需要完成的工作内容、达成的目标，以及应具备的技能和素质。岗位职责具有明确性、针对性、可衡量性的特点。详细描述岗位职责，有助于员工清楚了解自己的工作范围和重点，提高工作效率。

撰写岗位职责，首先需要明确岗位名称，这就如同为一个角色赋予独特的标识，使其在组织架构中具有清晰的定位。描述工作内容时，需要深入了解该岗位的日常运作和核心任务，详细列举出各项工作事项，确保没有遗漏和模糊之处。工作内容的清晰阐述，能让任职者明白自己每天、每周乃至每月需要完成的工作。确定工作目标，是为岗位指明方向，这不仅有助于衡量工作成效，还能激发任职者的积极性和创造力。明确的工作目标能够引导员工朝着共同的组织愿景努力前进。明确该岗位与上下游岗位的协作和沟通机制，能够促进团队高效协同，减少工作中的冲突和误解，提升整体工作效率。

下面以企业中常见的三个具体岗位为例撰写岗位职责。

A. 销售代表

— 负责寻找潜在客户，建立客户关系

— 推销公司产品或服务，达成销售目标

— 收集市场信息，为公司决策提供参考

— 跟进客户订单，提高客户满意度

B. 人力资源专员

— 协助招聘工作，包括发布招聘信息、筛选简历等

— 办理员工入职、离职手续，更新员工信息

— 组织员工培训和发展活动

— 解答员工关于福利、政策等方面的问题

C. 财务会计

— 记录和审核公司的财务交易

— 编制财务报表，确保准确性和及时性

— 协助财务经理进行预算编制和成本控制

— 对财务数据进行分析，提供决策支持

在撰写岗位职责时，企业应尽可能明确、具体地描述工作内容和职责，以确保员工清楚自己的工作要求和承担的责任。岗位职责是组织管理的重要组成部分，可以确保各岗位之间更好地协调与配合，为实现组织目标提供有力保障。

二、制订并实施培训计划

培训计划是指根据企业战略目标和员工发展需求制定的一系列有针对性的培训活动安排。它明确了培训的目标、内容、方法、时间和参加人员等，旨在提升员工的知识技能水平，促进个人成长，进而推动企业整体竞争力的提升。管理者在制订与实施企业培训计划时，可按以下八个步骤实施。

（一）需求分析：明确企业和员工的培训需求

企业的培训需求主要涉及：适应市场变化，提升竞争力；实现战略发展目标；提高团队协作能力；引入新技术、新方法；打造企业文化；等等。员工的培训需求通常包括提升专业技能、学习新知识、增强沟通与合作能力、提高解决问题的能力、培养领导力，以及适应职位变化等。企业需根据自身及员工的实际情况，确定具体的培训内容。这样的培训才能更有针对性，更好地提升企业绩效和员工个人能力。

（二）目标设定：确定具体的培训目标

以销售专员岗位为例，其培训目标可能包括：丰富产品知识，提高销售技巧，了解市场动态，加强客户关系管理，增强客户满意度和忠诚度等。在这些培训目标的引导下，销售人员能够更好地完成工作任务，提高销售业绩，为企业发展做出贡献。

（三）内容设计：根据需求和目标设计培训内容

以下以市场专员岗位为例，介绍如何设计培训内容。

A. 营销理论：包括市场营销的基本概念、方法和模型。例如，讲解4P理论（产品、价格、渠道、促销），让员工了解如何全面考虑营销策略。

B. 案例探讨：分析成功或失败的营销案例，帮助员工深刻理解营销理念在实践中的应用。比如，研究某知名品牌的市场推广策略，探讨其成功之处和可借鉴的经验。

C. 数据分析：教导员工收集、分析市场数据，并基于这些数据作出决策。例如，讲解如何运用数据分析工具来评估市场需求和消费者行为。

D. 方案策划：实战演练制订营销方案，包括目标设定、策略选择、执行计划等。例如，组织小组活动，让员工模拟为某产品设计营销方案。

E. 场景模拟：培训员工与客户有效沟通的技巧，包括倾听、表达、解决问题等方面。比如，进行角色扮演，模拟与客户的沟通场景，提高员工的沟通能力。

（四）师资选择：挑选合适的培训师资

企业在挑选师资的时候，重点考虑以下5项。

（1）专业学历：反映培训师在相关领域的知识基础。

（2）实践经验：使其能分享实际工作中的案例与经验。

（3）沟通能力：包括清晰表达、良好互动，以确保知识有效传递。

（4）行业了解：熟悉企业所在行业，可提供更具针对性的培训。

（5）学习能力：能不断更新知识，适应市场变化，提供前沿内容。

拥有专业证书及相关学历，证明培训师具备系统的学术理论知识；丰富的实践经验，能让培训活动更贴近实际工作场景；良好的沟通能力，有助于与学员建立和谐的关系，增强培训效果；对行业的了解，可以使培训更符合企业需求；持续的学习能力，可以确保培训内容的时效性和适用性。

（五）培训形式：采用多样化的培训形式

它包括但不限于以下几种。

（1）专题讲座：系统传授知识和技能。

（2）案例分析：依托实际案例引导员工思考和解决问题。

（3）实地考察：切身感受工作环境和流程。

（4）模拟演练：模拟真实场景，进行实践操作。

（5）小组讨论：促进员工之间的交流与合作。

（6）在线学习：利用网络资源，随时随地学习。

（7）导师制：一对一指导，提高针对性。

（8）工作轮换：了解不同岗位工作，提升综合能力。

（9）项目实践：参与实际项目，培养实际工作能力。

（10）外部培训：邀请专业人士进行培训。

企业可根据培训目标、员工特点和资源情况，选择合适的培训方法，以增强培训效果。

（六）授课时间：合理安排培训时间

理论知识为主的线上课程，单次授课时间为1～2小时，如内容较多，可分章节，分批次进行。体验互动为主的线下课程，单次时间为0.5（3小时）～2天（12小时）。

（七）资源保障：确保培训所需的资源充足

企业培训的资源保障包含多个方面。如培训教室、课堂奖品、考勤制度、助教人员、教材教具、教学设备等，这些资源的共同保障才能使企业培训顺利开展。

（八）培训评估：建立培训效果评估机制

培训评估方法包括问卷调查、考试考核、现场观察等。评估方向包括培训内容适用性、讲师水平和学员知识技能提升等。

培训评估是指对员工培训活动所产生的效果进行系统的测量和评价，旨在确定培训是否达到预期目标，包括知识技能的提升、工作绩效的提高等。通过有效的培训评估，企业可以了解培训成效，为后续的培训决策提供依据。

评估方法包括以下几种。

（1）考试测验：检测知识掌握程度。

（2）问卷调查：了解员工对培训的反馈。

（3）观察法：直接观察员工在工作中的行为变化。

（4）业绩评估：对比培训前后的工作成果。

（5）面谈法：与员工面对面交流，获取详细信息。

（6）行动计划：要求员工制订具体的行动计划。

（7）投资回报率分析：衡量培训的经济效益。

（8）客户满意度调查：如果培训涉及客户，可了解其满意度。

我们来看一个综合案例，以销售专员为例，专属培训计划可以按照以下步骤进行。

确定岗位：销售岗位。

（1）需求分析：了解销售人员在知识、技能、态度等方面的需求。

（2）目标设定：如提高销售业绩、提升与客户的沟通能力等。

（3）内容设计：包括产品知识、销售技巧、客户管理等。

（4）师资选择：内部专家或外部讲师。

（5）培训形式：课堂讲授、案例分析、模拟销售等。

（6）授课时间：根据工作安排确定培训的时间和周期。

（7）资源保障：提供必要的教材、设备等。

（8）培训评估：运用考试、业绩数据排名等方式评估培训效果。

三、逐步升级工作任务

下面以销售、客服和研发三个岗位为例，展示在初级、中级、高级三个不同阶段，企业如何逐步升级员工的工作任务。

（一）销售岗位

A. 初级阶段：主要负责寻找潜在客户，进行基础的产品介绍和客户沟通。

B. 中级阶段：熟悉业务后，参与一些简单的销售谈判，尝试独立完成小订单。

C. 高级阶段：升级任务，如负责重要客户的维护和拓展，参与大型项目销售策略的制定。

（二）客服岗位

A. 初级阶段：处理常见问题，提供基本的客户支持。

B. 中级阶段：处理一些复杂问题，如投诉处理，并要求他们主动跟踪问题解决进度。

C. 高级阶段：赋予员工管理客户关系的任务，参与客户满意度提升计划的制订与实施。

（三）研发岗位

A. 初级阶段：执行简单的研发任务，如辅助性工作。

B. 中级阶段：安排员工负责特定模块的设计与开发。

C. 高级阶段：主导整个项目的研发，包括项目规划、团队协作等。

在企业中，给员工逐步升级任务是促进员工成长和提升企业效能的重要策略。这一过程并非简单地增加工作的数量和复杂度，而是需要精心规划与认真执行的。在升级任务的过程中，提供必要的指导是关键，避免他们在新的任务面前感到迷茫和无助。这不仅能够增强员工的自信心，也能提高他们完成任务的成功率。

给予员工一定的适应时间，同样不容忽视。每个人适应新事物的速度不同，留出适当的缓冲期，能让员工在心理上和技能上做好充分准备，以更加从容的姿态迎接挑战。明确任务是基础，清晰而具体的任务描述，能让员工确切地知道自己需要做什么，达到什么样的标准，避免因理解偏差而出现工作失误。及时反馈更是不可或缺的环节。这就像为员工的工作表现提供一面镜子，让他们清楚自己的优点和不足，从而有针对性地改进和提升。

最后，根据员工表现及时调整任务难度和工作范围。对于表现出色的员工，适当增加难度和拓展范围，能激发他们更大的潜能。对于暂时遇到困难的员工，则应适度调整，以避免压力过大。

在企业中，针对不同岗位逐步升级工作任务意义重大。对于员工，从初级到高级，任务由易到难，遵循其能力提升规律，能激发员工的成长动力，不断增强自身能力。对企业而言，这种方式能优化人力资源配置，提高工作效率和质量。逐步升级任务还能增强员工对企业的归属感和忠诚度，降低人才流失率。同时，有助于企业培养多层次的人才队伍，提升整体竞争力，为企业的持续发展提供有力保障，实现员工与企业的共同成长，打造双赢局面。

小作业

请参考本书给出的案例，撰写你所在部门员工的岗位职责。

参考答案：某公司的销售代表

— 负责寻找潜在客户，建立客户关系。

— 推销公司产品或服务，达成销售目标。

— 收集市场信息，为公司决策提供参考。

— 跟进客户订单，提高客户满意度。

第四节　梯队建设，人才培育案例分析

什么是人才梯队？人才梯队是指公司在经营过程中，为降低因管理人员离职出现运营风险或为满足管理人员迭代升级需求而开展的关键岗位识别、岗位胜任模型建设、人才盘点、人才开发及鉴定、继任管理等一系列活动，它服务于公司战略规划。因各层级管理人员及继任人员呈现高低层级划分，且当上一级岗位出现空缺后由继任人选接任，仿佛站在梯子上有高有低一样，故称为人才梯队。**只有打造出卓越的人才梯队，才能推动企业持续腾飞。**

如果把人才培养用"养鱼"进行趣味化比喻，我们可以这样理解：

人才培养：为鱼提供适宜的生长环境，包括水质、饲料等，人才培养机制为人才提供良好的成长条件，如培训课程、导师指导等。

人才选拔：从鱼塘中挑选出优质的鱼，人才选拔机制是从众多人才中筛选出具备潜力和能力的人才。

人才招募：往鱼塘中引入鱼苗。

人才评估：对于鱼的健康状况、生长状况进行检查。

人才激励：为鱼提供充足的食物，激励人才发挥更大的潜力。

人才晋升： 帮助鱼从一个水域游向更广阔的水域。

人才储备： 在鱼塘中储备更多的鱼苗，以满足未来的需求。

人才梯队建设是组织基于未来人才需求开展的人才队伍建设活动，是一套标准、制度、流程的有机组合，用来动态地、常规化地进行人才考察、选拔、培养、任用和淘汰，目的是为企业中长期发展目标或者战略转型的实现提供人才保障。人才梯队建设中，人才评价是贯穿整个梯队建设的重要内容。人才评价工作影响企业能否有效选拔出符合未来需要的潜力人才，也是后期培养工作是否具有针对性的前提。下文中，我们将通过一个案例完整地呈现企业搭建人才梯队的过程。

A 公司是一家全球知名的科技公司，经过多年发展，已经成为行业内的佼佼者。目前，公司拥有员工约 1 万人，业务包括但不限于通用设备、移动通信、芯片技术、人工智能产品等。这些产品和服务在市场上享有很高的声誉，为公司带来了稳定的收入和利润。

公司的稳步发展离不开科学、完善的人才梯队体系建设。在人才梯队设计上，公司将人才分为初级、中级、高级三个层级。对于初级人才，主要是从各大知名高校招聘相关专业的优秀毕业生，他们具备扎实的理论基础，实践经验相对较少。中级人才则通过社会招聘，选拔有一定工作经验、能独立完成任务的专业人士。高级人才主要通过猎头招聘或内部培养晋升，他们在行业内具有丰富的经验和深厚的技术造诣，能够引领团队攻克关键技术难题，把握业务发展方向。

下面以软件工程师岗位为例进行具体分析。初级软件工程师入职后，会接受公司全方位的入职培训，包括公司文化、规章制度、业务概况等方面的内容。同时，安排资深工程师作为导师，进行一对一的技术指导，从基础的代码规范到简单功能模块的开发。经过一年左右的锻炼，如果表现出色，他可晋升为中级软件工程师，负责复杂模块的开发和项目中关键技术点的研究。

中级软件工程师会参与公司内部的技术分享会和行业研讨会，不断拓宽技术视野。同时，有机会带领小型团队完成特定项目，锻炼团队管理和项目协调能力。经过两三年的积累，他若能在技术创新和团队管理方面表现卓越，将晋升为高级软件工程师，参与公司的技术战略规划和重大项目的架构设计。

人力资源部运用多种精准且实用的方法和工具选拔人才。如采用结构化面试的方式考察候选人在专业知识、技术技能、工作经验以及职业态度等维度上的表现；采用情境模拟测试的方式，让候选人置身模拟的工作场景中，处理各种可能出现的复杂问题，以此评估他应对实际工作挑战的能力。

在人才测评工具的选择上，企业还引入了著名的心理测评量表，如迈尔斯—布里格斯类型指标（MBTI）性格测试和霍兰德职业兴趣测评，从性格特点和职业兴趣倾向的角度，挖掘候选人潜在的优势和可能的职业发展方向。同时，利用专业的能力评估系统，对候选人的逻辑思维、创新、沟通协作等关键能力进行量化评估。还采用360度评估方法，收集来自上级、同事、下属以及跨部门合作伙伴的多方位评价，确保对员工的表现有全面且客观的认知。根据不同岗位的职责和业务目标，企业制定明确、可衡量的关键绩效指标，以直观反映员工的工作成果和对业务目标的贡献度。

为了持续提升员工的能力，增强其综合素质，企业精心制订了以下三个极具针对性和前瞻性的培训计划。一是“星河璀璨计划”：聚焦新入职员工，通过系统的入职培训、一对一导师辅导，以及岗位轮换体验，帮助新员工迅速融入公司，熟悉业务流程，掌握基础技能，开启在公司的成长之旅。二是“皓月生辉计划”：针对具有一定工作经验、展现出一定发展潜力的员工，提供包括高级技术培训、项目管理特训、跨部门合作实战等内容丰富的培训和实践活动，助力他们在专业领域深耕，提升综合管理能力，拓展职业发展空间。三是“骄阳灼耀计划”：专为公司的核心骨干和中高层管理人员定制，侧重于战略规划研讨、领导力精修、行业趋势洞察等高端课程，旨在拓宽他们的宏观视野，培养战略决策能力，引领公司在科技浪潮中勇立潮头。

例如工程师岗位，新入职的员工会从基础的数据收集和整理工作开始，经过一年的锻炼，熟练运用数据分析工具进行简单的数据分析。在接下来的两年，他会参与到重要项目的数据支持工作中，掌握更复杂的分析方法和模型，参加中层培训。如果表现优秀，在第四年他可能会被晋升为数据分析主管，带领团队完成大型项目的数据分析任务，并在第五年有机会成为数据分析经理，参与公司的数据战略决策，接受领导力培训，逐步成为后备高管等。

通过实施这套系统的人才梯队培养计划，该科技公司硕果累累，成效显著。公司不再为人才培养而担忧，完善的内部选拔机制让人才得以在熟悉的环境中稳步成长，减少了外部招聘的不确定性和磨合成本。更多优秀人才从内部脱颖而出并得到提升，他们对公司的文化和业务有着深刻的理解，能迅速适应新岗位并表现出色。内部培养和选拔的人才忠诚度高，稳定性强，降低了人才流失率，为公司的持续发展提供了可靠保障。

本章小结

在这一章中，我们深刻认识到领导者若不会带人，会给企业带来不可估量的损失。员工是企业发展的基石，有效带教则是提升员工能力、推动企业发展的关键。我们提供了标准化工具，如模板工具为员工提供清晰的工作框架，复盘工具帮助员工总结经验教训、不断优化，流程工具则使员工的工作更加规范化、高效化，通过精准确定岗位职责，制订并实施培训计划，逐步升级工作任务，从而搭建出企业完整的人才梯队。

通过对科技公司人才梯队建设案例的深入分析，我们清晰地看到了人才梯队建设的重要性和显著成效。人才梯队的组成形式呈多样化，涵盖不同层级、不同专业领域的人才，形成了一个有机的人才发展体系。多样化的培训计划，如针对新员工的基础培训、针对潜力员工的提升培训，以及针对核心骨干的高级培训，满足了各类人才的成长需求。

人才梯队建设给公司带来了诸多好处，确保企业不缺人才，无论是短期的业务拓展还是长期的战略规划，都能有合适的人才迅速补位。它能够激发员工的积极性和创造力，明确的晋升通道和培训机会也让员工看到了发展的希望，提升了团队的稳定性和凝聚力，员工对公司的归属感增强，减少了人才流失。此外，它还促进了知识和经验的传承，前辈带后辈的模式让公司的优秀文化和技术得以延续与发展。科学、合理的人才梯队是企业持续发展的强大引擎，能够提升企业的竞争力，使企业在复杂多变的市场环境中始终保持活力和创新能力，实现长远的战略目标。

本章金句

良师教练引前行，日常带教育新苗。

点拨激发启智慧，赋能成长创未来。

每个人都是一个潜在的天才，关键在于发现并激发这一潜能，每位管理者都应成为员工的教练，帮助他们实现自我突破。

第五章

激发活力：如何让员工像热爱打游戏一样热爱工作

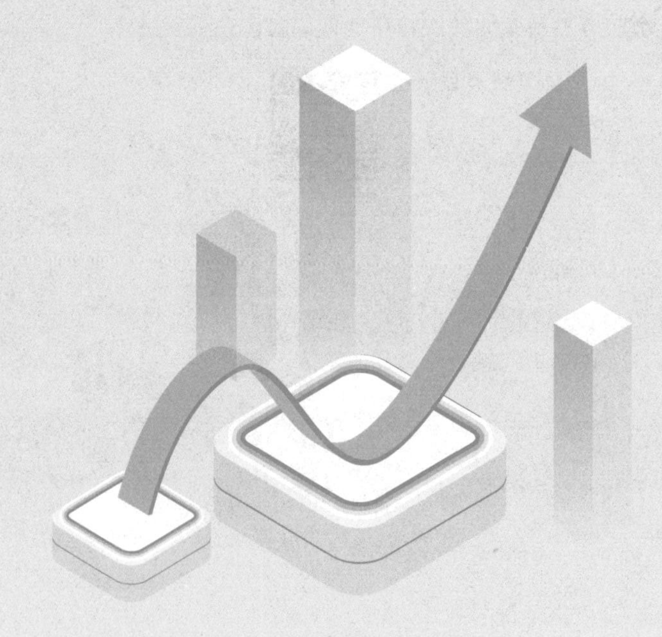

第一节　真的可以让员工像热爱打游戏一样热爱工作？

“00后”员工小张，为玩某款游戏，一个晚上竟然充值了三年的工资。“00后”员工小李，一周五天，每天至少玩游戏5个小时。“95后”员工小陈，手机被偷后，第一反应不是心疼手机，而是发愁游戏还得重新玩一遍，打不过队友怎么办。“95后”“00后”，成长在科技飞速发展的时代，游戏和手机成为他们生活中不可或缺的重要组成部分。

一、沉迷游戏背后的心理原因

面对游戏，很多员工选择的是“沉迷”，面对工作却选择“逃避”。有些游戏具有刺激性和冒险性，可以让玩家持续保持兴奋感和刺激感。通过游戏，他们可以享受冒险和探索带来的乐趣，发现新的世界，挖掘各种可能性。游戏的设计者会根据人类本能和心理特点来设计游戏，使玩家感到兴奋的同时获得成就感。在虚拟的满足感支配下，玩家会忘记现实生活中的烦恼和压力。

工作不如你，就在游戏里赢你；生活不较劲，就在游戏中认真。有些人沉迷于游戏，是为了逃避现实生活中的问题和挑战。在虚拟的游戏世界里，他找到了暂时的避风港。现实的压力如潮水般涌来，让他感到无力承受。于是，他选择让自己沉浸在游戏中，逃避纷繁复杂的现实。在游戏里，他可以成为英雄，拥有超能力，战胜一切困难。而在现实中，他却只是一个渺小的存在，面对种种不如意，只能默默承受。游戏成为他逃避现实的工具，让他可以暂时忘却生活的烦恼与痛苦，但无法真正解决问题。

人类社会中，人的社交行为无外乎出于两种动机：基于个人需求层次理论的共情需要，以及社会基于资源再分配的功利需要。在共情和功利的两大动机中，再细分出情感连接、生理需求、资源交换、信息共享等子需求。在游戏的世界里，社交需求占据着重要的位置。玩家在虚拟的环境中结交志同道合的伙伴，共同闯荡游戏世界。他们一起战斗，一起冒险，一起分享胜利的喜悦和失败的沮丧。人们可以抛开现实生活中的种种束缚，以真实的自我与他人交流互动。这种社交方式，满足了玩家对友情的渴望，让他们在游戏中感受到温暖与陪伴。游戏中的社交，不仅是一种娱乐方式，更是一种情感寄托，它让人们在虚拟的世界里找到了归属感和认同感。

成就感来自完成一项让自己满意的任务。在游戏的世界里，每一次挑战成功，都能带来满满的成就感。当角色不断成长，技能愈发熟练，战胜一个个强大的对手时，那种胜利的喜悦难以言表。看着自己在游戏中逐渐攀升的等级，完成一项又一项艰难的任务，人们的内心充满了自豪。每一次的突破都像在证明自己的实力，这种成就感让人流连忘返。

二、让员工像热爱打游戏一样热爱工作的 5 个方法

荷兰著名职业心理学家、欧洲科学院院士 Wilmar Schaufeli 在其新著《工作投入的心理奥秘》（合著）中指出："我们所处的时代已经改变，与时代一起变化的不仅是人们的心态，还有我们为之工作的组织。"游戏化管理，就是将游戏吸引人的机制应用于企业管理，对工作进行游戏化设计，让员工产生好似在玩游戏的体验，主动付出努力，在满意工作的同时，提高绩效水平。如何进行游戏化管理，有以下 5 个方法。

● 方法 1：主线任务——明确工作目标

为员工制定清晰的主线任务，这包括明确员工的工作职责和关键绩效指标（KPI），让他们知道自己在公司发展中发挥的重要作用和承担的角色，就如同游戏中玩家清楚自己的任务是击败最大的"boss"一样，员工也能明确自己的工作目标是推动公司战略的实现。

比如，对于新员工的主线任务，可以这样设计。新员工就像刚进入游戏世界的冒险者，需要明确前进的方向。首先，为新员工提供清晰的岗位职责说明书，就像游戏中的"任务指引"，让他们清楚地知道自己在公司这个"游戏地图"中的位置和作用。其次，根据部门目标和业务需求，为新员工设定阶段性的小目标，比如在第一个月熟悉工作流程，掌握基本技能等，这就像游戏中的"关卡挑战"。最后，为新员工提供必要的培训和指导，就像游戏中给予"技能加成"和"装备补给"，帮助他们更好地完成任务。通过这些措

施，新员工能够迅速融入团队，明确工作目标，开启他们在公司的成长之旅。

方法2：副本挑战——丰富工作内容

为了让员工保持对工作的新鲜感和兴趣，企业可以像游戏提供"副本挑战"一样，为员工设计多样化的、难度等级不同的"工作副本"，比如轮岗、参与跨部门项目、承担新的任务，既能提升他们的技能，丰富经验，又能激发他们的创造力，培养探索精神。

以市场专员岗位为例，一系列多元化的工作形式都可以被称为"游戏副本"，如组织线上的创意推广为"冒险副本"，组织线下的展会是"激战副本"，与不同部门的协作是"团队副本"，与设计部门共同完成宣传物料是"制作副本"，与销售部门一起策划促销活动是"策略副本"。通过形式多样的"副本挑战"，员工的工作内容充实且富有节奏感，是在以趣味化的管理方式推动员工在"职场游戏"中不断成长与进步。

方法3：经验值加成——反馈评价系统

在游戏中，每完成一项任务或实现一个目标，玩家都会获得相应的"经验值加成"。在企业管理中，也需要建立这样一个"即时反馈系统"。管理者要及时关注员工的工作表现，对他们的优秀之处给予肯定和表扬，就像游戏中玩家获得经验值提升等级一样。同时，可以设定一些阶段性的小目标，当员工实现这些目标时，及时给予奖励，如奖金、荣誉证书等。这不仅能让员工感到自己的努力被认可，还能激发他们更大的工作热情。

比如，对于程序员岗位，管理者可以这样设定"经验值加成"。

如在项目开发中，每开发一个重要功能模块，就如同在游戏中攻克了一个“关卡”，会给予相应的“经验值奖励”。当他解决了一个技术难题，就像在游戏中获得了“稀有技能点”，能提升他的技术水平。同时，建立明确的“经验反馈机制”，定期对员工的工作，如代码质量、效率等进行评估，根据评估结果给予“经验值提升”或“技能升级”。通过这些方式，程序员在工作中不断积累“经验值”，就像在游戏中不断成长变强一样，为公司创造更大的价值。

方法4：组队攻坚——队友协作模式

游戏中，“组队攻坚”是一种常见的模式，需要团队成员之间密切配合、相互支持。在企业管理中，也应该打造这样的“团队协作模式”。比如，可以通过组织团队活动、建立沟通机制等方式，加强团队成员之间的交流与合作，就像游戏中玩家一起组队挑战强大的敌人一样。

在游戏中，那些一起打游戏的年轻人被称为“游戏伙伴”或“游戏战友”。他们彼此之间亲昵地称呼为“兄弟”“老铁”“队友君”等。遇到难关时，他们会互相加油打气，喊着“冲呀，兄弟们”“干就完了，别怂”，以此互相激励。在协作过程中，他们根据各自的“职业定位”和“技能属性”，紧密配合，互相“掩护”与“支援”，共同攻克“副本”“关卡”，展现出超强的团队协作力。在游戏的世界里，他们就是彼此最坚实的后盾。

某互联网企业需要率先推出一款创新产品以抢占市场先机。这一任务涉及研发、设计、市场、销售等多个部门。研发部门如同游戏中的“法师”，负责提供强大的技术支持和创新的功能设计；设计部门好似“艺术家”，精心打造产品的外观和用户界面；市场部门宛如"情报员"，深入调研市场需求和竞争态势，为产品定位出谋划策；销售部门则像"冲锋战士"，制定销售策略，开拓销售渠道。

在项目推进过程中，大家就像游戏中的队友，相互支持。遇到技术难题时，其他部门积极鼓励研发部门，共同寻找解决方案。设计部门的创意需要调整，大家也给予理解和建议。市场部门获取到新信息，会第一时间与各个部门分享。在这种愉快而高效的氛围中，各部门紧密协作，最终成功推出这款产品，并取得了出色的市场成绩。这次跨部门协作，让企业在激烈的市场竞争中赢得了关键一局。

方法5：稀有装备掉落——意外惊喜奖励

在游戏中，"稀有装备掉落"是玩家梦寐以求的事情，代表着巨大的收获和回报。在企业管理中，也需要建立一个有吸引力的奖励机制。它不仅包括物质奖励，如奖金、福利等，还包括精神奖励，如荣誉称号、晋升机会等。就像游戏中玩家获得稀有装备一样，它可以让员工感受到自己的努力得到了充分的认可和回报。

在某制造业公司，员工小李不仅在日常工作中高效完成既定任务，还经常提出有创新性的想法和解决方案，为公司带来显著的效益。在一次重要的项目中，小李更是发挥了关键作用。他带领团队日夜奋战，克服了重重困难，最终成功完成这个具有挑战性的项目，为公司赢得了重要的客户和丰厚的利润。

公司决定给小李一个意外的惊喜。在项目庆功会上，大屏幕上突然播放了一段精心制作的视频。视频中，公司的领导、同事以及客户纷纷对小李的工作表现给予高度赞扬，称赞他的专业、勤奋和团队精神。随后，公司领导上台，宣布小李将获得一次全额资助的豪华度假旅行，让他能够在繁忙的工作后好好放松身心。同时，还颁发给他一份特别定制的荣誉证书和一枚象征着卓越贡献的金质奖章。面对这一系列的惊喜，小李感动得热泪盈眶。他表示会更加努力工作，不辜负公司和大家的期望。这个意外的惊喜不仅让小李无比开心，也激励了其他员工，在公司内营造了积极向上的工作氛围。

小作业

在“主线任务——明确工作目标”中，员工必须了解的是（　　）。

A. 工作职责

B. 关键绩效指标（KPI）

C. 自己在整个公司发展发挥的重要作用

D. 所承担的角色

答案：ABCD

第二节 模式对比，传统激励与游戏化激励的三个不同

哈佛大学管理学教授詹姆斯说过："如果没有激励，一个人的能力发挥不过20%～30%；而如果对员工加以激励，一个人的能力则可以发挥到80%～90%。"正确的激励可以更好地激发员工的潜能，提高员工的工作绩效。传统激励和游戏化激励有以下三个不同。

一、激励本质的不同

传统激励主要以目标为导向，强调完成具体任务和指标，比如在生产线上，以产量作为激励标准；游戏化激励则更注重过程体验，强调员工在工作中的参与感和乐趣，比如在客服岗位上，将解决客户问题设计成游戏任务。传统激励多采用物质奖励或荣誉表彰等方式，如奖金、升职等；游戏化激励则运用更多的游戏元素，如积分、排行榜、徽章等，让员工在竞争与合作中获得满足感，就像在营销岗位上，通过游戏化的方式激发员工的创造力和积极性。传统激励可能会让员工感到压力较大，容易产生焦虑情绪；游戏化激励则能营造轻松、愉快的氛围，让员工更有归属感和成就感，比如在研发岗位上，通过游戏化的方式，员工能更享受探索和创新的过程。

在能力一定的条件下，一个人的工作积极性越高，其业绩越好。某科技型公司专注研发智能穿戴产品，员工多为充满激情与创造力的“95后”“00后”新生代员工。即使公司的薪资和项目奖金已是业内最高标准，但员工每天都要面对复杂的技术难题和紧迫的项目进度，再高的薪资依然会让他们感到焦虑不已，缺失工作幸福感。

然而，当公司引入游戏化激励后，一切焕然一新。工作变成一场充满挑战和乐趣的冒险，员工仿佛置身一个神奇的游戏世界中，积极地投入每一项任务中，与同事展开激烈的竞争，同时也相互协作，不再被压力所困扰，而是充满活力地迎接每一天的工作。员工的创造力被充分激发，整个公司洋溢着积极向上的氛围，大家都在游戏化方式的激励中，尽情地展现着自己的才华和潜力，工作也变得轻松、愉快。

二、效果持续性的不同

20世纪50年代，美国心理学家弗雷德里克·赫茨伯格提出了“双因素理论”——“动机因素”和“保健因素”。“动机因素”指一系列增加工作满意度的因素，而“保健因素”若管理不得当，则会导致员工对工作的不满。“保健因素”包括工作条件、工作安全感、与其他员工的关系，以及工资；“动机因素”包括认可、责任、晋升机会、个人的成就感和发展潜力。用赫茨伯格的话说，“个人能力越强，就越容易被激励”。

在这个理论中，工作的不满意与满意是同等重要的。除非保健因素管理得当，否则无论动机因素有多强，员工都不会努力工作。同时，保健因素本身虽然没有激励作用，但是它的满足会降低不满情绪，为激励打下基础。**传统激励模式中，涨薪的激励时效只有3～6个月。**比如，某公司基层员工的工资是4000元，涨薪500元会是什么结果？员工初期对企业多了满意度，有效期3～6个月。6个月后，员工对工资的增长又产生了新的需求，并随着时间的延长，这种需求会越来越强烈。如果没有持续激励，反而会影响员工的工作热情。

游戏化激励就如同小白鼠在实验中不断因游戏而分泌多巴胺一样，能让员工在工作中持续且高频地体验到快乐与满足。游戏化激励并非短暂的刺激，而是能让年轻员工在较长时间内保持高度的热情和积极性。在游戏化的环境中，每一项任务的完成、每一次的进步都像游戏中的精彩瞬间，不断刺激员工的神经，让他们持续分泌多巴胺，感受到高频的愉悦，从而更愿意主动挑战高难度任务，突破自我，追求更高的目标，竞争与合作也变得更加有趣，团队凝聚力得到增强。这种长效且高频的激励模式，为企业带来了更高的效率和更好的绩效，是企业管理值得深入探索和应用的重要策略。

一般来说，传统激励更适合一些较为成熟、稳定的行业，如制造业、金融业等。这些行业的工作流程相对固定，传统激励方式能够直接、有效地提高员工的工作效率。游戏化激励更适合一些创意型、创新型的行业，如互联网行业、游戏行业等。这些行业的员工更需要被激发创造力和创新精神，游戏化激励能够更好地满足他们的需求。

三、个性化程度的不同

传统激励往往呈现出较为固定和模式化的特点，在激励手段上缺乏灵活性和针对性，无法充分满足员工的独特需求。游戏化激励则更加强调个性化定制，它会根据员工的性格、兴趣、能力等因素，精心设计与他们相匹配的激励方案。比如，为富有挑战精神的员工设置具有挑战性的“副本任务”，为善于社交的员工设计“工会挑战”等，使每个员工都能在激励中找到契合自身的切入点和动力源泉。它还可以依据员工的表现和发展情况进行动态调整，实时满足员工的个性化需求，从而确保激励效果更为持久和显著。

以某知名游戏公司为例，公司的员工以“95后”“00后”新生代员工为主，他们充满活力和创造力，对新鲜事物充满热情，同时也具有较强的自我意识和个性化需求。在实施游戏化激励制度方面，公司已经持续了三年之久。

公司设计了一个“游戏地图”，根据员工的岗位和技能水平，为他们量身定制不同难度等级的任务，如“主线剧情任务”“隐藏支线任务”等。完成任务后，员工可获得相应的积分和奖励，这些奖励包括“游戏货币”“特殊装备”等。这些任务不仅与工作内容紧密相关，还充分考虑了员工的兴趣和特长，让员工在完成任务的过程中感受到乐趣，拥有成就感。

员工可以根据自己的兴趣和发展方向，在“技能图谱”上自主选择技能进行学习和提升。每掌握一项技能，他们都能获得额外奖励，如“技能碎片”“技能徽章”等。这不仅满足了员工的个性化发展需求，还提升了他们的专业技能和综合素质。同时，设立各种“排行榜单”，如业绩排行榜、创新排行榜等，激发员工的竞争意识和进取精神。员工为了在排行榜上取得好名次，会更加努力地工作和创新，争取获得“排行榜荣誉”“排行榜专属奖励”等。通过“团队任务""挑战"，员工完成任务后还可获得额外奖励。这不仅增强了员工之间的凝聚力和团队合作精神，还培养了他们的沟通能力和协作能力。

通过实施游戏化激励措施，该公司充分满足了员工的个性化需求，极大地提高了员工的工作积极性和创造力。员工更加积极主动地投入工作，为公司带来了更多的创新和发展机会，公司的整体竞争力和市场影响力也得到显著提升。

小作业

传统激励和游戏化激励有哪些不同？（ ）

A. 激励本质的不同

B. 效果持续性的不同

C. 个性化程度的不同

D. 以上都是

答案：D

第三节　重塑岗位，游戏化激励四步法

《插上电源：Y世代事业成功指南》一书的作者塔玛拉·埃里克森就曾指出，千禧一代具有极强的当下感，要求所做的一切都有意义、有趣味，以及富于挑战性。对于企业和人力资源部门来说，重塑岗位价值至关重要。

企业要重新设计岗位工作内容，使其更具挑战性和趣味性；建立科学、合理的绩效考核机制，激励员工积极表现；提供更多的培训和发展机会，提升员工的专业能力和综合素质；营造良好的企业文化和工作氛围，让员工感受到企业的关怀和尊重。下文，我们将通过四个步骤，详细分析如何通过模拟游戏的设计理念，辅以游戏化激励，重新设计岗位工作内容，使员工更主动、高效地完成工作任务。

一、设立挑战目标

设立具有挑战性的目标，可以让员工感受到成长和进步的动力。游戏化的功能之一就是清晰地勾画出达成目标的路径，同时将目标分解成一系列易于实现和掌控的小目标，并且为员工提供持续性的激励，以便顺利达成终极目标。

目标设立具有三化原则，即清晰化、明确化、层次化。把员工要做什么、怎么做、做到什么程度等，转换成简化的图谱或话语体系，尽量减少员工的失控感和信息传输的误差。结果的设置要有明确的标识，只有这样，员工在实现目标的过程中才有准确的方向。此外，将目标按照不同的维度和级别进行划分，形成一个清晰的层次结构，使目标更加具体、明确，也便于更好地管理和实现目标。

为什么"连连看"如此简单的小游戏，会让人上瘾呢？"连连看"之所以吸引人，原因在于它不断设立小目标的巧妙设计。这种小目标的设立增强了玩家的控制感。在游戏中，玩家能够清晰地看到每个关卡的任务，比如，在规定时间内消除特定数量或类型的图标。这种明确且可实现的目标让玩家觉得自己能够掌控局面，从而产生强烈的参与意愿。从心理机制来看，不断达成小目标会带来即时的满足感和成就感。每成功消除一组图标，玩家都会感到自己离通关更近一步，这种积极的反馈强化了他们继续游戏的动力。"连连看"的游戏规则简单、易懂，降低了玩家的认知负担，使其能够迅速投入目标的追求中。随着关卡的推进，难度逐渐增加，新的挑战激发了玩家的好胜心和征服欲，促使他们不断尝试突破自我。"连连看"的快节奏特点也符合现代人追求高效娱乐的心理需求。在短时间内就能获得成果，让人在繁忙的生活中能快速获得愉悦和放松，满足了玩家对控制感、成就感和挑战欲的心理需求。

二、设立奖励机制

奖励和认可机制是游戏化策略中常见的一种激励手段。企业可以通过设立奖励机制，如积分、徽章或特权等，来激励员工参与和持续努力。奖励机制分为两种：固定奖励和随机奖励。固定奖励通过建立员工的忠诚度和实施频繁的行动来激励员工。例如，如果员工一个月准时出勤的天数达到22天以上，就会有固定的奖励，如全勤奖，那么员工将非常愿意准点上班。固定奖励对于建立忠诚度非常有益，但是缺乏一些能够让员工真正想要参与其中的右脑核心驱动力，随机奖励恰好可以弥补。在游戏化设计中，有一个叫作“天上掉馅饼”的概念，当用户赢得胜利或者击败敌人时，就会出现随机的奖励。这种不可预知的过程可以驱动玩家“自愿”去努力。

笔者授课的某金融公司为了激励员工，制定了一系列新颖的奖励措施。如设立月度最佳交易员奖，授予当月交易业绩最出色的员工，奖品为新款的手机和定制奖杯；设立数据分析师之星奖，奖励在数据分析方面有突出表现的员工，奖品为高价值购物卡和专业数据分析工具；设立客户服务之星奖，颁发给客户满意度最高的员工，奖品为豪华旅游套餐和荣誉证书；设立惊喜盲盒奖，里面可能有电子产品、时尚单品等，还有下午茶派对入场券，让员工享受轻松的下午茶时光；设立健身卡奖励，鼓励员工保持健康生活；设立特别贡献抽奖券，对做出重大贡献的员工给予抽奖机会，奖品有新的游戏装备、偶像明星演唱会门票等。

三、设立竞争机制

游戏的竞争机制能给人带来强烈的荣誉感和炫耀感。比如排名系统，玩家可以通过比拼分数、等级等，来争夺排行榜上的高位，激发斗志。又如天梯系统，玩家可以根据自身实力匹配到相应的对手，增加了游戏的挑战性和趣味性。再如锦标赛模式，玩家会聚集一堂，为了冠军荣誉而战。竞争机制可以激发员工的斗志和动力。企业可以组织竞赛活动，如争夺销售冠军、最佳团队等。任务设置可以参照游戏中的"主线任务""支线任务""隐藏任务"概念，让员工确切地知晓企业的发展方向和自身所肩负的职责。同时，运用详细的数据化评估体系对员工的工作表现进行精准量化评估，并实时排名，让员工犹如在游戏中查看排行榜一样，清楚地了解自己在团队中的位置。

参照游戏中的"隐藏奖励""随机掉落""惊喜宝箱"概念，设计令人心动的物质和精神奖励，如定制的荣誉勋章、独一无二的奖杯等。还可效仿游戏中的奖励系统，设置惊喜奖励，如神秘大礼包等，以最大限度地激发员工的积极性。参照游戏中的"战队对抗""联盟会战""排位赛"等概念，组织不同部门或团队之间的激烈竞争，就像游戏中的公会战一样，营造出充满激情与挑战的工作氛围。同时，设置各种个人挑战项目，如限时任务挑战等，让员工在竞争中不断提升自身能力，犹如在游戏中不断升级打怪一般，为企业创造更大的价值。

在游戏中，玩家在各个阶段都能获得丰富多样的反馈。在新手阶段，玩家每完成一个简单的任务或达成一个小目标，就可能会获得经验值、金币的奖励，或解锁新技能。这让他们感到兴奋和满足，同时也激发了他们继续探索游戏世界的兴趣。随着游戏的推进，玩家在挑战关卡或战胜敌人时，会获得更有价值的物品、更高的等级提升，以及荣誉称号等反馈。这些反馈让他们感受到自己的成长和进步，内心充满成就感。

四、设立反馈机制

实时反馈是游戏化策略中的关键要素之一。及时给予员工反馈和评估，可以帮助他们了解自己的表现，并及时调整和改进。

基层管理者第一时间反馈员工为公司做出的小量级贡献至关重要，直接对员工表示赞赏是一种直接且有力的方式。当员工表现出色时，基层管理者应当毫不吝啬地给予真诚的赞扬，让员工感受到自己的努力被看到和认可。可以这样说："你的这个想法太棒了，为我们解决了大问题！"通过指出员工做得好的方面，能让员工更加明确自己的优势和价值。管理者可以这样说："你在处理客户投诉时的耐心和专业，成功化解了矛盾，这一点值得大家学习。"当场给予工作奖励也是一种有效的激励手段，它可以是一份小礼品、一封表扬信，或者是给予更多的工作资源和权限。通过这种即时的奖励，员工明白他们的付出能够得到切实的回报。同时，将员工的优秀表现记录在案，不仅是对员工贡献的一种书面肯定，也为日后的绩效评估和晋升提供了有力的依据。这能让员工感受到公司对他们的长期关注和重视。

人力资源经理代表公司对员工做出的中等量级贡献进行表扬和激励是职责所在，可于第一时间在公司内部通信平台发布奖励通告。通告要明确阐述员工的杰出表现及所带来的显著成果，如："某员工在某项工作中展现出卓越的领导力和专业能力，带领团队提前完成任务，为公司节省了大量成本。"同时，在公司层面进行大范围的表扬也是必不可少的。此外，还要为员工争取额外的福利，如增加带薪休假天数、提供培训机会、给予更多的绩效奖金等，并对员工说："公司看到了你的付出，这是你应得的回报，希望你再接再厉。"通过这些方式，员工可以深切地感受到公司对他们的重视和认可，激发他们持续为公司创造价值的热情和动力，也为其他员工树立了积极的典范，营造出良好的企业氛围，促进公司长远发展。

当员工为公司做出重大级别的贡献时，总经理采取一系列有力的表扬和激励措施是十分必要且具有重要意义的。总经理可在高管会上点名表扬该员工，让公司高层都了解其卓越成就，如："某员工在某重大项目中有杰出表现，为公司带来了突破性的发展，是我们所有人学习的榜样。"同时，给予员工特别奖励，如高额奖金等。

总经理还可与该员工进行一对一交流，倾听其想法和需求，表达对他的高度认可和感激，并邀请员工参与重要决策，赋予其更多的权力和责任。此外，可成立以员工名字命名的工作室，在公司层面给予充足的资源支持，包括人力、物力和财力，助力他在未来创造更多的价值。这样的激励方式，让员工感受到被尊重，自身的价值得到极大体现，增强了归属感和忠诚度。同时，也激励其他员工努力奋进，营造了积极向上的工作氛围，有助于留住核心人才，为公司的持续发展提供强大动力。

小作业

目标的设立有哪些原则？（　　）

A. 清晰化

B. 明确化

C. 层次化

D. 口头化

答案：ABC

第四节　缺一不可，游戏化激励关键三要素

游戏为什么吸引人？全球激励策略与设计权威杰森·福克斯（Jason Fox）博士给出了本质的答案——因为游戏最懂激发人的内在动力。美国社会心理学家戴维·麦克利兰认为有三种需要能激发人的内在动力，它们分别是：成就需要，即达到标准、追求卓越、争取成功的需要；权力需要，即左右他人以某种方式行为的需要；归属需要，即建立友好和亲密的人际关系的愿望。这三种需要不分高低，不分先后，只有应用场景的差异。因此，在游戏化激励设计过程中，我们以此理论为指导，充分挖掘目标参与者的动机，游戏化激励的三要素由此产生，即游戏元素、游戏策略、游戏体验。

一、游戏元素

游戏元素是游戏的基本组成部分，它们共同展现了游戏的魅力。常见的游戏元素包括角色、场景、任务、道具、规则等。角色是玩家在游戏中操作或互动的对象，如《王者荣耀》中的各类英雄，每个英雄都有独特的技能和属性。场景为游戏提供了背景和环境，像《塞尔达传说》中的奇幻大陆，有神秘的森林、古老的城堡等。任务

则给予玩家明确的目标和方向，如在《魔兽世界》中，玩家需要完成各种主线和支线任务来推动剧情发展。道具能增强角色能力或辅助完成任务，如《超级马里奥》中的蘑菇能让马里奥变大。规则决定了游戏的玩法和胜负条件，如棋类游戏的走法和输赢判定。

游戏元素具有多样性、交互性和趣味性的特点。多样性使游戏丰富多彩，满足不同玩家的需求；交互性让玩家与元素之间产生互动，影响游戏进程；趣味性则吸引玩家沉浸其中，享受游戏带来的快乐。

二、游戏策略

在游戏中，常见的策略有进攻、防守、游击、联盟、外交和运营六种。进攻指集中力量突破，防守指巩固自身防线，游击指灵活骚扰，联盟指整合资源御敌，外交指争取有利局势，运营指管理全程资源。在企业中，管理者可结合这些策略进行游戏化管理，如进攻策略用于开拓新市场，防守策略用于稳固核心人才，游击策略用于灵活调配人员，联盟策略用于与其他企业合作共享人才，外交策略用于建立良好人际关系，运营策略用于合理配置人才资源等。下文将逐一分析如何基于六种游戏策略做好人才管理。

（一）进攻策略

鼓励员工积极主动开拓市场，设定具有挑战性的目标，如在一定时间内完成特定的销售业绩或占据较多的市场份额，给予相应的物质激励和荣誉表彰。例如，招聘专员在招聘时，可以筛选出具有强烈进取心和创新精神的人才，在培训中强化他们的进攻意识，通过案例分析、角色扮演等方式，让员工了解进攻策略的重要性和实施方法。

再如，对于销售岗位的员工，企业要提供充分的客户资源、有效的销售工具和培训支持，让员工有信心去开拓市场。同时，建立有效的业绩评估体系，及时反馈员工表现，激励他们不断进步。在互联网行业，产品研发岗位的员工可以积极探索新的产品功能和市场需求，通过快速迭代和创新来抢占市场先机。

（二）防守策略

建立严格的流程和制度，如财务审批流程、数据安全制度等，确保关键岗位的稳定运行。例如，培训专员需加强对员工的合规培训，强化员工的风险防范意识，通过定期的培训课程和案例分享，让员工了解常见的风险类型和应对方法。财务岗位的员工要严谨、细致地处理财务数据，做好预算和成本控制，确保企业的财务状况健康、稳定。在金融行业等风险较高的领域，风险管理岗位的员工要密切关注市场动态，及时预警和应对风险，制订风险应对预案。

（三）游击策略

给予员工一定的自主权和灵活性，让他们能够快速响应变化，如在项目执行过程中，根据实际情况调整计划和策略。例如，人力资源经理可以建立灵活的工作制度，如弹性工作制、远程办公等，满足员工的个性化需求。市场调研岗位的员工要善于收集市场信息，及时调整调研方向，通过线上线下多种渠道了解消费者的需求，获得消费者的反馈。在科技行业等变化迅速的领域，研发岗位的员工可以根据市场需求快速调整产品研发方向，推出具有竞争力的新产品。创意设计岗位员工可以根据客户需求和市场变化随时调整设计方案，保持创意的新颖性和时效性。

（四）联盟策略

要促进部门之间的合作与沟通，打破部门壁垒，形成协同效应。例如，人力资源主管可以组织团队建设活动，增强团队凝聚力，如户外拓展、团队聚餐等。项目管理岗位的员工要协调各方资源，确保项目顺利推进，通过定期会议和沟通机制解决跨部门协作中的问题。在制造业等需要多部门协作的行业，生产管理岗位的员工要与各部门密切配合，提高生产效率和产品质量。物流协调岗位的员工要与供应商、客户和运输公司等各方保持良好的沟通和协作，确保物流顺畅。

（五）外交策略

注重员工之间的关系管理，营造和谐的工作氛围，通过组织文化活动、员工关怀活动等方式，增强员工的归属感和认同感。例如，员工关系专员要及时处理员工之间的矛盾和问题，维护良好的员工关系，通过调解、沟通等方式解决纠纷。人力资源岗位的员工要善于倾听员工的意见和建议，做好沟通协调工作，及时反馈员工的诉求和问题。在服务行业等注重客户体验的领域，客服岗位的员工要与客户保持良好的沟通，解决客户问题，提高客户满意度。

（六）运营策略

统筹规划企业的各项资源，实现资源的优化配置，如人力资源、财务资源、物资资源等。例如，人力资源专员要协助各部门制订合理的工作计划，安排人员工作任务，确保人力资源的有效利用。各个岗位的员工都要参与到企业的运营管理中，提高工作效率和效益。如生产岗位的员工要提高生产效率，降低生产成本；销售岗位的员工要提高销售业绩，扩大市场份额。在物流等资源密集型行业，物流管理岗位的员工要合理规划物流线路，科学分配资源，降低物流成本，提高物流效率。

三、游戏体验

游戏给玩家带来的正向体验包括让玩家在虚拟世界中忘却现实的烦恼，获得身心的放松，充分发挥创造力，产生愉悦感，通过每一次挑战的成功、每一次新的发现收获成就感，培养决策能力和应变能力，并在与其他玩家的互动中提高社交能力和团队协作意识。企业管理者还可以更深入地将游戏体验与管理实践相结合，比如在工作环境中营造“魔法氛围”——营造和谐的人际氛围。当员工面临压力时，管理者要及时帮助他们迅速“恢复血量”——通过压力管理培训舒缓员工压力，让他们处于更好的工作状态；员工取得成绩时，给予他们“登顶巅峰”的体验感——集团层面的奖励。

笔者授课的某科技公司通过一系列独特的制度让新生代员工在工作中产生了如同玩游戏一样的愉悦感，快速成长，不断创造佳绩。首先，公司建立了“成长关卡”制度，每个员工都有明确的职业发展路径，就像游戏中不断升级一样，员工每完成一个阶段性任务，就能获得相应的奖励和认可。其次，打造了一个“创意工坊”，鼓励员工自由发挥，提出各种创新想法，就像在游戏中探索未知领域一样，充满新奇和挑战。最后，鼓励“团队挑战副本”，各个部门协同合作，共同攻克难题。每月的"荣誉殿堂"颁奖仪式，更是让员工感到自己的努力被看见和肯定，就像在游戏中获得至高荣誉一样自豪。

这些制度让员工在工作中充满乐趣和动力。管理者如同"资深游戏导师"，与员工进行深入的"任务交流"和"攻略探讨"，了解他们工作中的"技能成长"和"装备需求"。通过这些结合游戏体验的实操办法，企业能营造出更具活力和吸引力的工作氛围，员工也能在开心与愉悦中不断进步，实现企业与员工的双赢。

小作业

游戏化激励三要素包括以下哪些方面？（　　）

A. 游戏元素

B. 游戏策略

C. 游戏体验

D. 以上都是

答案：D

第五节　案例解析：名企如何进行游戏化管理

在快速发展的商业环境中，知名企业不断创新管理模式，游戏化管理正是在这样的时代推动了企业的创新与发展。谷歌、微软、亚马逊等众多知名企业通过游戏化管理取得了显著的成效。

游戏化管理已成为企业管理的新潮流，引领企业走向更加辉煌的未来。将游戏中的各类元素应用于企业的人力资源管理，把企业发展的战略目标和员工个人的发展目标、企业的价值和员工个人的价值统一起来，既降低了管理工作的复杂性，又提高了激励的透明度，还能提高员工的参与度和积极性，增强团队凝聚力，可谓一举多得。在下文中，我们将借由五个名企案例作详细剖析。

一、万豪：游戏化招聘

全球首屈一指的国际酒店万豪，曾经计划大批量招聘年轻员工。招募人员通过研究脸书某超高人气的社交游戏，专门开发了涉及工作职位的粉丝页面和一个名为“My Marriott”的应用程序，作为其招募战略的重要组成部分。

在游戏中，玩家被分散到酒店的各个职位，比如厨房、客房等。

他们不仅能了解经营厨房或餐厅时涉及哪些工作，还能感受到组织打扫几百个房间是一件非常不容易的事情。玩家完成任务后，可以获得积分，接受更难的任务或其他职位，同时也允许他们经营自己的虚拟酒店。在那里，他们可以自己设计餐厅的风格，购买食材，培训员工和服务客人，拥有经营酒店业务的全部体验。通过这款游戏，万豪酒店成功地在几个月的时间里完成了招聘5万名年轻员工的任务。对于被招聘的候选人来说，增加了求职趣味性和吸引力。他们在参与的过程中也更加深入了解了企业和岗位，激发了竞争意识，挖掘了职业潜力，增强了求职体验。

对于企业而言，游戏化招聘能够扩大企业招聘的影响力，吸引更多年轻优秀人才的关注和参与，更精准地筛选出符合企业需求的候选人，提高招聘效率和质量，提升企业的品牌形象，为企业发展注入新的活力。

二、肯德基：游戏化培训

虚拟现实技术（virtual reality，VR）能瞬间带领使用者进入一个由数字构建的全新空间。在这个虚拟世界里，使用者可以自由地探索、互动，获得前所未有的体验。VR技术融合了计算机图形学、人机交互等多种前沿科技，为企业发展带来了无限可能和惊喜。

美国跨国连锁餐厅之一的肯德基就曾用VR游戏来培训新员工学会炸鸡技术。新员工被VR设备带入一个虚拟、幽闭的房间，房间内有一筐虚拟的鸡肉、炸鸡设备和邪恶的桑德斯上校。只有完成炸鸡训练，员工才能逃脱，不然就会被永远困在房间里。搭配上恐怖电影里才会出现的背景音乐，接受这些诡异训练的新员工必须在规定的时间里完成检查、冲洗、裹面包屑、烤制和高压炸制五个步骤。完成训练之后，他们会收到写有评级和完成时间的成绩单。肯德基运用 VR 技术进行新员工培训，不仅可以大大降低食材成本，大幅缩短培训时间，而且对于新手员工来说，VR 培训显然更加安全，不会被烫到，减少意外事故。因此，在以下一些岗位中，管理者可以运用 VR 技术对新员工进行培训。

（1）技术类岗位：如软件开发、网络工程等。通过 VR 技术，员工可以模拟实际操作场景，更好地理解和掌握技术要点。

（2）工程类岗位：如建筑、机械工程等，直观呈现工程结构和操作流程。

（3）医疗类岗位：如医生、护士等，进行手术模拟、医疗设备操作等培训。

（4）服务类岗位：如酒店、航空等，让员工体验真实的服务场景、应对各种突发情况。

三、领英（LinkedIn）：游戏化协作

总部位于美国硅谷、全球领先的职场社交平台领英（LinkedIn）的黑客马拉松活动就类似于游戏化协作。什么是黑客马拉松？即很多人在一个特定的时间段内，相聚在一起，以他们想要的方式去做想做的事情——在整个编程的过程中，他们几乎不会受到任何限制或者给予方向性的指引。员工参与黑客马拉松不是为了赢，而是学习、娱乐，可以说它是程序员的“以武会友”。

传统意义上的黑客马拉松是程序员及工程师的专利，非技术人员很难参与其中。近年来，随着黑客马拉松在国内的逐渐兴起，很

多公司和团队已经拓展了黑客马拉松的活动范围，不仅仅局限于程序员，而是所有与互联网相关的从业者均可参加，比如说产品、设计和运营等部门的员工。领英每月都会组织一次黑客马拉松活动，其中经常出现一些好主意，把不同职位的员工聚集在一起，充分发挥他们的专业技能和个人特长。就专业技能而言，运营、市场、编辑等岗位的员工有着其他岗位员工不具有的优势。比如，运营专员离用户更近，更懂用户；市场专员更熟悉商业规则、商业前景；编辑总能想出富有创意的文案和点子。

黑客马拉松不仅能激发团队的创新能力，让员工打破常规思维，提出新颖的解决方案；更能促进企业内部不同部门之间的交流与合作，突破壁垒限制，增强团队凝聚力，发现潜在的技术人才和创新项目，为企业发展提供新生力量。这种发展模式适合科技型企业、创新型企业，以及对技术研发有较高要求的企业，适合包括软件开发、产品设计、数据分析等在内的需要创意和协作的岗位。

四、Not Your Average Joe’s：游戏化服务

美国餐饮连锁店Not Your Average Joe’s使用游戏化技术，来追踪如上菜速度和顾客满意度之类的参数，用特定的向上销售挑战来刺激等待中的员工（如在两小时内售出五份开胃菜），并且奖励优胜者自主选择工作时间。此外，它还用游戏规则引导员工提高服务技巧。如果系统发现某个员工卖出很多开胃菜，但没有售出任何甜点，就会给员工发送一个“任务”：在当晚向顾客推荐一定数量的餐后甜点，让顾客的就餐体验更完美。

游戏化服务是将游戏的元素和机制巧妙地融入服务中，以提升用户体验度和参与度的一种创新方式。它通常以趣味性的任务、挑战、积分、排行榜等形式呈现，让用户在享受服务的过程中感受到乐趣和成就感。具体形式涵盖游戏化的界面设计、互动环节、奖励机制等。游戏化服务适用于众多行业，如互联网、电商、金融、教育、医疗等，以及与之相关的各种岗位，如客服、营销、培训等。它能激发用户的兴趣和积极性，提高服务效率和质量，增强用户对企业的认同感和忠诚度。

五、塔吉特（Target）：游戏化竞争

在美国零售商喜好度调研中，美国连锁零售商塔吉特（Target）和沃尔玛一起，被评为新生代消费者最爱光顾的一站式购物地点。超市购物最让顾客头疼的问题，通常就是结账慢，排队时间长。塔吉特超市里的收银员看似和其他超市的收银员没有什么区别，却比其他超市收银员的结账速度快 5 ～ 7 倍。其原因是企业设计了一种游戏，让收银员每结完一单都能从电脑屏幕上看到自己的结账时间在所有收银员中的排名，而排名和当日奖金额度挂钩，日清日毕。此款游戏的一大亮点是让计薪模式变得简单、透明，直接以业绩为导向，让员工不再把心思花在向领导争取福利上，而是面向市场创造价值，实现了收银员的自激励、自管理。竞争排名也是在增强挑战性，只不过具有挑战性的不是工作本身，而是这个名次。对企业而言，这就是成长性的职业发展规划。

游戏化竞争是将游戏的理念和机制引入竞争中，使竞争过程更具趣味性和吸引力。常见的形式包括积分系统、排行榜、挑战任务、

竞赛活动等。游戏化竞争在科技行业、互联网行业、零售行业、教育行业、餐饮行业、传媒行业、医疗行业都可以使用。比如零售行业，可以通过设计游戏化的促销活动来吸引顾客；教育行业，可利用游戏化的方式激发学生的学习兴趣，提高他们的参与度；餐饮行业，可以设置游戏化的互动环节增强顾客的体验感；传媒行业，借助游戏化的内容创作来激发创意；医疗行业，采用游戏化竞争的方式鼓励患者积极参与康复治疗；等等。**索尼娱乐公司首席创意官拉夫·科斯特认为，"游戏就是在快乐中学会某种本领的活动"。游戏化竞争正是如此，它能让参与者在游戏化的竞争中提高能力。**

小作业

游戏化招聘对候选人有什么意义？（　　）

A. 增强求职趣味性和吸引力

B. 在参与过程中更深入地了解企业和岗位

C. 激发竞争意识和潜力

D. 提升求职体验

答案：ABCD

本章小结

在这一章中，我们深入剖析了员工沉迷游戏背后的心理原因，旨在找到让员工像热爱游戏一样热爱工作的方法。通过对比传统激励模式与游戏化激励模式，我们清楚地看到了两者在本质、效果持续性和个性化程度上的显著不同。

为了实现游戏化激励，我们重点介绍了四个重塑岗位的方法，包括设立挑战目标以激发员工斗志，设立奖励机制给予员工激励，设立竞争机制营造积极氛围，设立反馈机制让员工即时获得反馈等。同时，明确了游戏化激励关键的三要素，即游戏元素、游戏策略和游戏体验。在实际案例中，万豪、肯德基、领英、塔吉特等知名企业的成功经验，也给我们带来了启示。它们通过巧妙运用游戏化激励，充分调动员工的积极性，激发他们的创造力，取得了卓越的成果。

让员工像热爱游戏一样热爱工作并非易事，但理解其背后的心理原因，运用合适的方法和策略，完全是可以实现的。我们要不断探索和实践，将游戏化激励融入企业管理中，根据自身实际情况不断创新和优化。只有这样，才能创造出充满活力和激情的工作环境，让员工找到乐趣和成就感，从而为企业的发展贡献更大的力量。相信在游戏化激励的推动下，企业必将迎来更加辉煌的未来。

本章金句

游戏激励趣味多，寓教于乐活力显。

积分排行做任务，竞争之中提技能。

职场也如游戏，要打怪升级才能赢，每个挑战，都是升级的好时机，"游戏力"，也是领导者们的管理新装备。

第六章

职场合力：四代同企，跨代际团队如何高效沟通

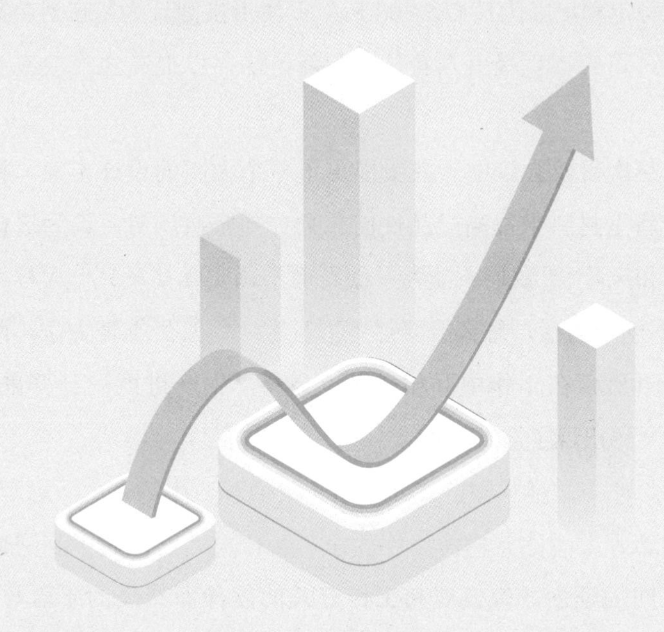

第一节　职场冲突，减少代际矛盾的三个办法

在一家历史悠久的制造业公司，"80后"主管大林负责生产部门的管理工作。这家公司一直以来都采用传统的生产模式和管理理念，以稳定和可靠为核心。"00后"下属蛋蛋则认为，在当今数字化时代，公司应该积极引入新技术和新方法，以提高生产效率和产品质量。

在某次研发会议中，蛋蛋提出了一个大胆的设计方案，打算运用一些新型材料来提高产品性能。大林却坚决反对，认为这样会增加成本和风险。"我们不能为了创新而不顾实际情况！"大林严肃地说。"不创新的话，怎么能变得更厉害呢？"蛋蛋据理力争。两人矛盾不断升级，在工作中互相较劲。最终，生产进度受到严重影响，产品质量也出现了波动。

代际冲突是指不同世代之间由于价值观、生活方式、思维方式、社会观念等方面的差异而产生的矛盾和冲突。它反映了不同代际的员工之间因理念、价值观和工作方式的差异而产生的矛盾与摩擦，是企业管理中不容忽视的问题。著名管理学家彼得·德鲁克曾说："管理是一种实践，其本质不在于'知'而在于'行'。"代际冲突的

产生，源于管理者对不同代际员工特点的理解不足，以及在管理方式上未能因势利导。中国人常说“十年一代”，是指年龄相差十岁的人在一起，就会产生代沟。而在信息高速发展的今天，相差三岁就会产生代沟。一个人的职业生命通常是30年到40年，这就意味着大量企业可能面临“五世同堂”的现状——“60后”员工、“70后”员工、“80后”员工、“90后”员工、“00后”员工，在同一家企业中工作。如何减少代际矛盾？有以下三个办法。

一、用“三多”拉近距离——多观察，多了解，多感受

代沟是沟通与交流的阻碍，因此，多观察对方言行，多了解情况，多感受对方心情，了解得越多，就越能理解对方。以下是非正式场合和正式场合管理者了解下属可提出的一些问题。

（一）非正式问题（用于日常沟通）：

（1）最近有没有去哪里旅游？（适用于日常聊天，了解生活状态）

（2）你喜欢什么类型的音乐？（轻松交流，增进了解）

（3）你有没有养宠物呀？（拉近距离，了解生活中的喜好）

（4）你平时喜欢吃什么美食？（闲聊话题，了解个人口味）

（5）最近有没有追剧？（讨论娱乐，了解兴趣）

（6）你有什么梦想或目标吗？（深入了解内心追求）

（7）你在业余时间会做些什么？（了解生活习惯和兴趣爱好）

（8）你有没有特别喜欢的运动？（了解健康生活方式）

（9）你觉得自己最擅长什么？（了解个人优势）

（10）最近有没有遇到什么让你开心的事情？（营造轻松氛围，了解情绪状态）

（二）正式问题（用于绩效面谈）：

（1）你对本阶段工作任务的理解和执行情况如何？（评估工作表现）

（2）你在工作中与团队成员的协作情况如何？（了解团队合作能力）

（3）你认为自己在本阶段工作中取得的主要成果有哪些？（明确工作成绩）

（4）你在工作中遇到的主要挑战是什么，是如何克服的？（了解问题解决能力）

（5）你对目前岗位的适应程度如何？（了解工作适应情况）

（6）你在工作中运用了哪些新的技能或方法？（关注能力提升和创新）

（7）你对本部门或公司的发展有什么建议或想法？（征求意见，体现重视）

（8）你认为自己在本阶段工作中有哪些需要改进的地方？（明确发展方向）

（9）你对自己未来的职业规划是什么？（了解职业目标和发展意愿）

（10）你希望得到哪些方面的支持或培训？（了解需求，提供帮助）

二、用业绩立好标杆——立标杆，立榜样，立楷模

在年轻员工中树立标杆对企业具有重要意义，它能为年轻员工提供明确的目标和方向，激发他们的上进心和竞争意识，展现优秀员工的行为和成果，让员工直观地感受到什么是卓越，从而促进他们主动学习和进步。树立标杆有助于营造积极向上的企业文化氛围，增强团队凝聚力和向心力。以下是企业树立优秀员工标杆三个关键的步骤。

步骤 1：选拔标杆

在企业选拔标杆的过程中，明确标准至关重要，标杆员工的工作业绩及职业素养应是显著且突出的。提名方式多样，员工可基于自身出色的表现自行提名，部门也可依据整体观察进行推荐，发掘团队中的优秀人才。对于提名者，需进行综合评估，重点考察工作业绩，以数据和实际成果说话，同时参考同事评价，了解其在团队中的表现和影响力。通过多维度考量，企业全面评估提名者的综合素质，最终确定典型人选。这一过程严谨、公正，旨在选拔出真正能为企业发展发挥积极推动作用的优秀人才。

步骤 2：组织表彰

企业为标杆员工组织表彰仪式具有重要意义，需要精心策划。这类仪式能激发员工的积极性和创造力。当员工看到自己的努力和成就得到认可和表彰，会产生强烈的成就感和归属感，从而更加投入工作，追求更高的绩效。在仪式中，领导介绍其先进事迹，不仅

是对标杆员工的高度赞扬，更是为全体员工树立了明确的榜样和目标，让其他员工清晰地了解到什么样的行为和成果是企业所推崇和鼓励的，引导员工朝着正确的方向努力。标杆员工发表感言，能让其他员工深入了解他们成功背后的付出和坚持，分享的经验和心得也能启发众人。**通过这样的表彰仪式，企业能营造出积极向上、追求卓越的文化氛围，促进内部良性竞争和共同发展，为企业注入强大的发展动力。**

● **步骤3：后期跟进**

表彰完标杆员工之后，企业的跟进工作不可或缺。首先，利用内部刊物和社交媒体进行二次传播。内部刊物以专题报道的形式，深入剖析标杆员工的成功案例，具体呈现其独特的工作方式、高效的学习方法，以及宝贵的经验，让更多员工随时翻阅学习。其次，萃取标杆员工的成功要素，形成可复制的模式，供其他员工借鉴。例如，组织相关培训课程或分享会等。最后，持续跟踪标杆员工的发展，通过持续关注和支持，确保标杆员工始终保持优秀状态，发挥引领作用，带动整个企业团队不断进步，形成积极向上的工作氛围和持续发展的动力。

三、大格局包容差异——容碰撞，容个性，容冲突

安德鲁·马修斯在《宽容之心》中说："一只脚踩扁了紫罗兰，它却把香味留在那脚跟上，这就是宽恕。"管理者的宽容力即影响力，直接影响着有多少人愿意心甘情愿地跟随。以下是管理者在实际工作中展现包容力的话术。这些话术能减少不必要的冲突，营

造和谐、积极的工作环境，提升团队的凝聚力和工作效率。

话术 1：这次虽然出了点小差错，但不要太自责，我们一起总结经验，下次会更好的。

话术 2：每个人都会犯错，重要的是我们能从错误中吸取教训，继续前进。

话术 3：别担心，这只是一次失误，我们一起想办法解决，你已经做得很不错了。

话术 4：我理解你可能压力比较大，这次的错误我们一起面对，相信你会从中成长的。

话术 5：没关系，犯错是成长的必经之路，我们看看怎么改进，让事情往好的方向发展。

在实际工作中，部分不包容的管理者往往由于不当的语言表达，与下属之间的小摩擦逐渐升级为严重的矛盾冲突。比如对下属说："你怎么又犯这种低级错误，让我怎么信任你？""我对你太失望了，你简直一无是处……"这种全盘否定式的评价，对下属的自尊心无疑是沉重的打击，更会激化员工与管理者的矛盾。

例如，在一次重要的市场推广活动策划中，A 公司一位员工由于对市场趋势的判断稍有偏差，活动初期的效果未达预期。管理者发现后，暴跳如雷，训斥道："你到底有没有专业能力？这么简单的事情都能搞砸，我看你根本就不适合这个岗位！你自己想想，这已经是第几次了？我对你太失望了！从现在开始，你必须给我想出一个完美的解决方案来弥补，否则后果自负！"

员工原本就因为活动效果不佳而深感愧疚，听到管理者这番极端严厉且毫不留情的指责，内心的委屈瞬间爆发。他激动地回应道：“我为这个活动付出了很多努力，做了大量的前期调研，出现这样的情况是大家都不愿意看到的。您不能这样一味地指责我，而完全忽视我的付出！”双方各执一词，互不相让，原本只是一个可以通过共同探讨和调整策略来解决的问题，却因为管理者过激且不包容的话术，矛盾迅速激化。员工在后续的工作中变得消极怠工，对管理者的指令也充满抵触情绪。团队中的其他成员也因为目睹了这场激烈的冲突而感到人心惶惶。整个团队的工作氛围变得压抑紧张，工作效率大幅下降，严重影响了项目的正常推进。

小作业

以下可以作为在正式场合与员工交流的问题是（　　）。

A. 你对本阶段工作任务的理解和执行情况如何？（评估工作表现）

B. 你在工作中与团队成员的协作情况如何？（了解团队合作能力）

C. 你认为自己在本阶段工作中取得的主要成果有哪些？（明确工作成绩）

D. 你在工作中遇到的主要挑战是什么，是如何克服的？（了解问题解决能力）

答案：ABCD

第二节 行为解析，三招防止员工躺平

微博热搜上曾经出现一个话题："为何寺庙旅游在'90后''00后'中爆火？"它的总阅读量近9000万，单日阅读量最高近30万。某知名旅游网站数据显示，预订寺庙景区门票的人群中，"95后""00后"年轻人占比近50%，成为烧香拜佛的主力军。在上班和上进之间，年轻人选择了上香；在求人和求己之间，年轻人选择了求佛。

躺平现象在部分年轻群体中出现，反映出该群体面对生活压力和竞争，选择放弃过度努力，追求一种低欲望、安逸的生活状态。这或许是对过高压力的逃避，也可能是对无法实现理想的无奈妥协，折射出社会发展中的某些问题和个人心态的变化。例如，某"00后"女大学生毕业后不投简历，不找工作，做起了全职儿女。她的收入从哪儿来？爸爸每个月给她2000元，妈妈每个月给她1000元，奶奶每个月给她2000元，于是该女大学生拿着每月5000元的工资，照顾一家四口的一日三餐，做起了"全职儿女"。

对于"00后"来说，曾经的价值观"智商+奋斗就是成功"，越来越难实现。部分年轻人的逻辑就是，卷不过别人，不如躺平。但年轻员工躺平会给企业带来诸多不利影响，工作效率会降低，团队凝聚力受到削弱，创新能力也会下降，影响企业的长远发展。如何防止员工躺平？有以下三个办法。

一、了解原因

“95 后”“00 后”年轻人选择躺平的原因是多方面的。部分年轻人没有经济压力，家庭条件较为优越，工作对于他们来说，更多的是为了缴纳社保和结交朋友。他们追求的不是单一的物质报酬，而是工作带来的精神满足。还有部分年轻人在工作压力过小，缺乏挑战性和成就感时，会选择以躺平的姿态应对。相反的是，另有部分年轻人是因为工作压力过大而选择躺平。高强度的工作节奏、过高的业绩要求，使得他们即便拼尽全力，也难以达到领导的期望。长期处于这种高压且无望的状态下，他们身心俱疲，逐渐失去奋斗的动力，从而以躺平来逃避无法承受的压力。

此外，还有部分年轻人躺平是由于人生迷茫，缺乏明确的目标。他们不知道自己真正想要从事什么样的工作，追求什么样的生活。在这种迷茫状态下，作为员工的他们容易感到无所适从，缺乏努力的方向和动力，进而选择躺平，试图在这种状态中慢慢寻找自我，思考未来的道路。年轻人选择躺平是多种因素交织所致，对于这一现象，我们需要逐一剖析原因，深入了解年轻人的真实需求和困境。只有这样，才能针对性地制定策略，引导年轻人保持积极的人生态度，充分发挥其潜力，共同创造美好的未来。

二、氛围营造

要解决年轻人的躺平问题，需要个人、企业、学校多方面的共同努力。从个人层面来说，引导年轻人树立积极的人生目标和进行合理的职业规划，通过自我反思、与他人交流、参加职业测评等方式，明确自己的兴趣、优势和价值观，从而找到努力的方向。同时，要培养坚韧的毅力和抗挫折能力，面对困难不轻易放弃。

企业要营造积极向上的工作氛围，解决员工躺平的问题，可以从多个方面着手。例如，定期举办户外拓展训练，通过各类团队合作项目，增强员工之间的信任和协作能力，让员工在轻松愉快的氛围中感受团队的力量；开展主题野餐或趣味运动会，拉近员工之间的距离，缓解工作压力，提升团队凝聚力。又如，邀请专业心理咨询师，定期为员工提供一对一的心理咨询，帮助他们解决工作和生活中的困扰，保持良好的心态，普及应对压力和有效管理情绪的方法，让员工学会自我调节。

要在企业内部宣传栏展示优秀员工的事迹和成就，发挥好榜样的作用，激发员工的上进心。利用企业内部通信工具，分享正能量的故事和案例，传播积极的工作态度和正确的价值观。开展“月度之星”“年度优秀员工”等评选活动，对表现出色的员工进行公开表彰和奖励，让努力工作的员工得到充分认可。通过综合运用以上多种方式，企业能够营造出积极向上、充满活力的工作氛围，激励员工摆脱躺平心态，为企业发展贡献更大力量。

学校方面，加强职业生涯教育。例如，很多高校开设了职业生涯规划课程，从入学就引导学生思考未来的职业方向，并邀请各行各业的优秀校友回校分享经验；提供实习和实践机会，让学生在实际操作中了解自己的兴趣和能力，提前做好职业准备。

三、制定考核机制

为防止员工躺平，企业可设计以下考核机制和管理办法。以一位新入职的市场营销专员为例，企业在试用期内可对其采用月度考核的方式，第一个月重点考核他对公司文化的理解与认同，通过企业文化知识测试以及日常行为观察来评判。同时，考察其对市场调研基础知识的掌握情况，比如市场调研的方法、流程等，通过书面测试和实际操作案例分析来评估。工作态度方面，观察他是否按时出勤、主动学习、积极沟通，直属上级和同事的评价是重要参考。

对工作半年到一年的市场营销专员，实行季度考核。除了基本的工作要求，如调研报告的质量和数量，企业还要考察他在项目中的成长情况和创新能力。比如，在市场推广活动中，评估他提出的创意是否新颖有效，对活动效果的贡献如何。考核工具包括详细的项目成果评估、个人成长计划的完成度检查等。企业可以通过对比他在季度初制订的成长计划，查看其在专业技能提升、客户沟通技巧改进等方面的进步。

对于工作三年的市场营销专员，年度考核更为全面和深入。业绩指标方面，要考察其负责的市场项目带来的实际收益增长、市场份额的扩大程度等。对团队的贡献上，评估其是否能够带领新员工，在团队协作中发挥积极的协调作用。此外，还要考量其在行业内的影响力，是否在行业论坛上发表了有价值的观点，或者与外部合作伙伴建立了良好的关系。也可借助外部专家评估、客户满意度调查等方式。比如，邀请行业专家对其市场策略的前瞻性和有效性进行评价，通过对重要客户的回访，了解他在客户心中的专业形象和服务满意度。人力资源部门不定期抽查考核过程，确保考核的公正性和客观性，通过明确且合理的考核机制和监督办法，激发员工的工作积极性，避免躺平现象的出现。

小作业

如何防止员工躺平？（　　）

A. 了解原因

B. 氛围营造

C. 制定考核机制

D. 以上都是

答案：D

第三节　对内沟通，三招实现跨代际高效融合

“00后”蛋蛋的工作搭档是年长他10岁的“90后”婷婷。部门开会时，婷婷摆出前辈的姿态说：“蛋蛋，我觉得这件事应该这样……”蛋蛋说：“婷婷，你说得不对！你的方法已经过时了，依我看应该这样……”被年轻的同事批评了，婷婷感觉面子上过不去，于是和蛋蛋直接在办公室吵了起来，二人谁也不服谁，直接闹到了“80后”部门经理亮亮那里。

亮亮在缓解了两人的对立情绪后，仔细看了看蛋蛋的方案，对婷婷说，“如果蛋蛋当时说，‘您说得很对，我同意您的看法，不过还有一个小细节，如果这样调整一下，会不会更好呢？’你是不是就容易接受了？”他同时让婷婷再次审阅蛋蛋的方案，从理性而不是年龄、情绪层面去全面评估方案的可行性。认真查看了蛋蛋的方案后，婷婷觉得蛋蛋的方案还不错。同时，蛋蛋也检讨了自己的表达方式过于直接，对婷婷表示了歉意。两人冰释前嫌，继续顺利合作。

企业的高速发展并非单一依赖某一年龄段的员工或某一职级的管理者，而是需要发挥各个层级、年龄段人员的优势，各年龄段、

各职级员工需要互相理解和配合。下文中，我们将通过三个方法，帮助企业打破年龄和层级的界限，促进团队成员的有效协作，提升整体竞争力，共同推动企业朝着更高的目标迈进。

一、跨代际主题对话

在企业中组织跨代际主题对话是一项具有深远意义的活动。我们可以设定多种多样的主题，以促进不同年龄段员工之间的深度交流。例如，“跨代际职场技能交流”主题活动，能使经验丰富的前辈将积累多年的专业技能、沟通技巧、问题解决方法等传授给新一代员工，年轻员工也能分享他们在新技术、新工具运用方面的心得，实现共同进步。再如“跨代际员工聊行业”主题活动，可以让不同代际的员工交流各自对行业发展趋势、市场动态、竞争态势的看法，从而为企业制定更具前瞻性的战略提供多元化的思路。

在组织这样的跨代际主题对话时，企业要明确对话的目的和预期成果，如增强团队凝聚力、促进知识共享或解决特定的业务问题；确定合适的参与人员，涵盖不同年龄段、不同职级和部门的代表，以保证观点的多样性；提前通知参与者对话的主题、时间、地点和基本流程，让他们有时间准备。在对话过程中，主持人要引导开场，鼓励大家积极发言，营造轻松开放的氛围。可以采用小组讨论、案例分析、头脑风暴等形式，确保每个人都能充分表达观点。最后，组织方要对讨论的内容进行总结归纳，形成具体的行动计划或建议。

跨代际主题对话有助于打破代际之间的隔阂，减少误解和冲突，营造和谐的工作氛围。它也能促进知识和经验的传承与创新，让企业在发展中既保持传统的优势，又紧跟时代步伐，激发员工的积极性和创造力，提升团队的协作效率和解决问题的能力。

笔者曾为某制造企业设计过一次跨代际主题对话活动，不同部门的代表齐聚一堂，共同探讨行业经验。老员工分享了他们在工作中积累的宝贵经验，如如何应对技术变革、坚守品质等；新员工则讲述了他们对新趋势的见解和创新的想法。在对话过程中，大家积极互动，老员工耐心解答新员工的疑问，新员工也给老员工带来了新的视角。整个过程充满尊重和理解，让每个人都感受到代际交流的魅力。活动结束后，企业在技术创新和管理方面取得了新的突破，新老员工之间的协作更加紧密，团队凝聚力也得到了提升。这场跨代际主题对话为企业的发展注入了新的活力。

二、跨代际主题任务

跨代际主题任务，指的是让不同年代出生的员工跨越部门界限，共同协作完成具有特定主题和目标的工作任务。比如"跨代际产品设计"主题任务，集合"70 后"丰富的行业经验、"80 后"成熟的技术能力、"90 后"创新的思维，以及"00 后"前沿的消费观念，他们共同完成产品设计。再如"企业文化重塑"主题任务，让各年龄段的员工发表对企业文化的独特见解。

在实操过程中，企业需明确任务的目标和预期成果，确保所有参与者清晰理解任务的重要性和方向；根据任务需求和员工的专业技能、经验等因素，组建跨代际团队，落实计划，包括分工、时间节点和沟通机制。在执行任务过程中，要定期召开团队会议，交流进展和问题，及时调整策略。任务完成后，也要进行全面的评估和总结。需要注意的是，要充分尊重不同年代员工的观点和建议，避免因年龄产生偏见；合理分配任务，发挥各年龄段员工的优势；建立有效的沟通渠道，确保信息顺畅。

这种方式能够整合不同年代员工的智慧和经验，提高任务完成的质量和效率，增强企业内部的协作与融合，打破部门壁垒和年龄隔阂，激发员工的创新能力和工作积极性，提高员工的归属感和忠诚度。跨代际主题任务尤其适用于注重创新和团队协作的行业，如互联网、广告创意、金融等。在这些行业中，不同年代员工的思维碰撞能够产生更多新颖的想法，提出富有创意的解决方案，推动企业在快速变化的市场中保持竞争力。

笔者曾为某商贸企业设计了一个跨代际主题任务工作坊。在工作坊中，新员工和老员工被分成几个小组，每个小组负责设计一个针对特定目标客户群体的营销方案。新员工凭借对新技术和社交媒体的了解，提出了一些创新的营销思路，如利用社交媒体进行互动营销、推出个性化定制服务等。老员工则根据自己的经验，对方案的可行性和实际操作提出建议，并分享了一些成功的营销案例。在合作过程中，新老员工相互学习，取长补短。新员工从老员工那里学到了如何更好地理解客户需求，制定切实可行的营销策略；老员工也从新员工那里了解到新的市场趋势和营销手段。

最终，各小组提交了自己的营销方案，并进行了展示和评选。其中一个小组的方案结合了新老员工的创意和经验，成功地吸引了目标客户群体的关注，提高了产品的销售额和市场份额。这次跨代际主题任务工作坊不仅为企业带来了显著的经济效益，还促进了团队之间的融合和协作，为企业的发展注入了新的活力。

三、跨代际案例萃取

案例萃取，指的是通过系统性的方法和流程，对特定情境下的成功或失败案例进行深入研究和分析，从中提炼出有价值的知识、经验、策略和方法。它不仅仅是简单地叙述事件经过，更是要挖掘背后的深层原因、关键决策点，以及可推广的模式。案例萃取的基本方法包括直接观察法、深度访谈法、文档分析法等。直接观察法能让研究者直观了解事件的实际发生过程；深度访谈法是通过与当事人的交流，获取详细且真实的内心想法与行动动机；文档分析法能够对相关的文件、记录进行梳理，补充和验证其他方法获取的信息。在企业中实行跨代际案例萃取，是指对不同年代员工典型的成功案例进行挖掘和整理，融合不同年代员工的智慧和经验，形成丰富多元的知识宝库。

跨代际案例萃取的意义重大，能为企业积累宝贵的无形资产，促进代际之间的知识传承和交流，打破年龄隔阂，营造共同学习、共同进步的企业氛围。案例萃取首先需要明确萃取的目标和范围，确定需要解决的问题或关注的重点领域，选择合适的案例和对象，确保其具有代表性和可借鉴性；其次运用多种方法收集全面的信息，包括与当事人的深入访谈、查阅相关资料、观察实际工作场景等，对收集到的信息进行细致分析，提取核心要点和关键因素，对萃取的成果进行总结和提炼，形成清晰、简洁且具有操作性的结论和建议；最后以适当的形式呈现成果，如编写案例集、制作培训课程或开展分享会。

企业在跨代际案例萃取时，需尊重不同年代员工的文化背景和工作风格，采用他们易于接受的方式进行沟通和收集信息，确保萃取过程客观、公正，避免主观偏见影响案例的真实性和有效性，注重保护员工的隐私和知识产权，让他们能够放心分享。

笔者曾为某大型制造企业组织过一个跨代际案例萃取项目。企业选取不同年代、不同岗位的优秀员工作为代表，访谈围绕工作中面临的重大挑战、解决问题的思路和具体行动展开，鼓励他们分享自己的经验和观点，互相启发，通过萃取，形成该企业专属的案例集。这本案例集涵盖了众多与制造企业紧密相关的主题，包括但不限于产品设计、业务流程、工艺流程、质量管理优化策略等，有如何降低设备故障率、延长使用寿命、供应链管理的成功经验；如何实现高效的物料采购与配送，安全生产的保障措施，营造安全稳定的生产环境；以及节能减排，推动企业绿色可持续发展等。每个案例均超过 3000 字，内容翔实丰富，步骤清晰，凝聚了企业各方面的智慧成果，为员工提供了宝贵的学习和借鉴资源。

小作业

跨代际高效融合可以采用哪些方法？（　　）

A. 跨代际主题对话

B. 跨代际主题任务

C. 跨代际案例萃取

D. 以上都可以

答案：D

第四节　性格工具，不同个性新生代如何沟通

管理者：我这里有个新任务。

新生代员工1：我明天就可以完成。

新生代员工2：我去找同事们帮忙完成。

新生代员工3：这是什么样的任务，如何分解，什么时间完成。

新生代员工4：领导，您想让我们怎么完成，我们配合。

当被要求解决同样的问题时，以上四名员工采取了四种不同的回答方式。**时间和机会都是有限的，想要提升团队管理能力，进行有效沟通，管理者需要以最快的速度判断出对方的性格，采取有针对性的方法，以达到预期的效果。**常用的性格管理工具有DISC性格测评、MBTI职业性格测评、WVI职业价值观测试、盖洛普优势识别器、九型人格测评等。本节将重点介绍如何用DISC性格测评法管理不同个性的新生代员工。

DISC理论是一种人类行为语言，其来源于美国心理学家威廉·莫尔顿·马斯顿博士（Dr. William Moulton Marston）在1928年出版的著作《常人的情绪》（*Emotions of Normal People*）。DISC可被广泛用于测查、评估和帮助人们改善行为方式、人际关系、工

作绩效、团队合作、领导风格等。DISC 性格测评由 24 组描述个性特质的形容词构成，每组包含 4 个形容词，即支配性（dominance，D）、影响性（influence，I）、稳定性（steadiness，S）、服从性（compliance，C）。

在当今的职场环境中，精准了解员工性格对于进行有效沟通至关重要。基于 DISC 性格测评理论，我们能更好地洞察不同性格的年轻员工，因为每个员工都有其独特的思维与行为方式。不论是活泼外向的，还是沉稳内敛的员工，只要沟通方法得当，都可以产生极佳的沟通效果。我们通过以下四个案例进行详细分析。

一、D 类型：指挥者

D 类型的员工目标感强，精力充沛，好胜心强，追求成就感，适应性强，个性要强，行事果断。拿破仑将军和撒切尔夫人就属于 D 类型。无论前方的道路多么坎坷，他们都会毫不犹豫地向前。但他们的脾气非常火爆，在某些情况下甚至具有侵略性。这样的员工喜欢有挑战性的任务，好胜心与企图心让他们很少在困难或危险面前退缩。

小张，非上海籍，“00 后”，本科毕业于上海一所“双一流”大学，之后去欧洲一所知名大学完成了硕士学业，目标是通过留学生的身份落户上海。毕业后，她果然被某国有制造企业录取。虽然薪资比其他新兴行业低，但由于企业有落户名额，并且岗位符合小张的要求，最终她选择入职。入职后，小张在职场上很努力，遇到重要的项目，即使加班到后半夜，她也毫无怨言。一次，她被电动车撞伤，第二天依然一瘸一拐地去上班，最终导致伤口严重感染。但是她觉得，为了自己落户上海的目标，再大的困难都可以克服，绝对不会退缩。一年后，小张被评为公司的优秀员工，获得了大家的认可。

对于小张这样目标感极强的D类型员工，管理者该如何沟通呢？

- **方法1：适度授权，让员工放手去做**

D类型员工擅长自我管理。如果想得到他们的尊重，你就要直接、清晰、明确地表达你的想法，对他们授权并充满信任，明确表达你的预期结果，给出最后的期限，并且明确他的权力范围和可用资源。

- **方法2：设置挑战，给予压力**

D类型员工不喜欢从事一成不变的工作，没有耐性循着僵硬的路径升迁。他拥有强硬、独立、叛逆的因子，追逐权力，不怕压力，期待工作就像战场一样充满挑战。

- **方法3：直奔主题，就事论事**

与D类型员工沟通只谈事实，省去套话，直奔主题，以最少的言语传递最直接、清晰的信息，询问解决方案，听取他们的意见，深思熟虑后分享你的看法。D类型员工偏爱自己的解决方案，你一方面要指出他们的思维缺陷，另一方面要欣赏其中值得肯定的部分。

一句话沟通锦囊：和D沟通，给目标。

二、I类型：社交者

I类型员工，喜欢社交，乐观开朗，看重面子，希望得到别人的关注和认可。在I类型员工的心里，没有陌生人，只有朋友和没有见过面的朋友。他们给人的感觉是非常自信，处处都是他们的舞台，他们随时都可以绽放光芒。然而，他们的计划性、时间观念、集体观念较弱，不善于预估风险，看人看事肤浅而表面化。

小王是个直率的“00后”女孩，入职1年，担任营销部助理，外形出色，喜欢交际，热爱文艺，性格活泼。虽然入职时间不长，但她已经在部门内外有了不少朋友，公司年会还成为主持人，完全不怯场。但是她的缺点也很明显，时间观念非常弱，每次集体活动都要迟到。有次部门旅游集合，她足足迟到了半小时，让其他同事很有怨言。

对于小王这样的I类型员工，管理者如何沟通呢？

● 方法1：照顾面子，照顾情绪

I类型员工把面子看得非常重要。批评他们的时候，你一定要选择相对隐私的场合，照顾他们的面子和情绪。在平时，则多与他们交流，听听他们在想什么，聊聊他们喜欢的话题。所谓管之有道，只有学会倾听他们，他们才会听你的。

● 方法2：明确政策，引导行为

如表扬在规定时间内到达的员工，设立奖励机制，或对迟到的员工有明确的惩罚机制等。同时，提供培训和资源支持，帮助员工提高时间管理和组织能力，一起制订改进计划，找出问题解决方案。

● 方法3：营造环境，团队共荣

营造积极的工作环境，鼓励员工主动遵守公司规章制度，准时到达工作岗位。激发员工的责任感、归属感和团队意识，可以避免迟到的情况。

一句话沟通锦囊：和 I 沟通，给情绪。

三、S 类型：支持者

他们稳定度高，个性谦逊，配合度高，关心他人的问题及感受，是有耐心且富同情心的倾听者，不独断，善于扮演支持者的角色。在工作上，他们能持之以恒。当其他人感到无聊且无法专心时，稳定度高者会以稳健的步伐继续工作，直到任务完成。但是他们缺少灵活性，缺乏热情，不愿改变。讨好是 S 类型的人常做的事情。因为讨好，他们容易委屈自己；因为怕得罪人，他们时时处处替别人着想，通常主动放弃选择权，都是别人做主。时间长了，他们就没有了做决定的能力，在工作上，被认为没有决策力，办事拖拉。

小李是已经入职 3 年的"95 后"员工，一毕业就入职该公司，转正后担任人力资源部助理。她性格内向，平时话不多，遵守公司纪律，无不当行为，任劳任怨，勤勤恳恳，但工作效率低。同期一起入职的新人都在为晋升专员而努力，小李则无任何升职的想法。

对于小李这样的 S 类型员工，管理者该如何沟通呢？

● 方法 1：多些鼓励，多些关怀

肯定他们为部门及公司做出的贡献，给予 S 类型人足够的安全感，展示出公司及部门的稳定性，日常主动关心工作上是否有困难，需要哪些帮助等。

● 方法 2：工作任务，安排合理

每个人的职业目标是不同的，S 类型的人并不像 D 类型的人一

样对升职有极大的渴望，他们期待的是工作稳定，但难度不大。

管理者在布置任务时可给予 S 类型人常规、烦琐、创新性要求低、重复性要求高的工作，他们能完成得非常出色。

● 方法 3：明确职责，鼓励说“不”

S 类型员工的工作效率低，有时候会承担不应该承担的工作，但他们又不擅长直接拒绝。对此，管理者要明确部门内各员工的职责，以免 S 类型员工的工作量过大。

一句话沟通锦囊：和 S 沟通，给安全。

四、C 类型：思考者

C 类型的员工逻辑思维强，思考缜密，具有完美主义情怀，以及非常结构性的思维模式。对于诸如组织整理信息，处理极其细致的工作，或者在非常复杂的系统中进行分析判断，他们将显示出独特的优势。他们有很高的自我评价能力，对自己和他人要求都很严格，怕被批评，所以会通过不懈努力以达到完美。但由于反复加工信息、分析问题，容易出现拖延，错失机会。而且，关注事情胜过关注人，人际交往能力相对较弱。

小陈是财务部专员，入职 1 年，“95 后”，财经专业硕士，专业基础扎实，数字敏感性强，做事非常认真，自我要求很高，但在平时工作中，和公司同事缺乏沟通技巧，好为人师，人际关系糟糕。

对于小陈这样的 C 类型员工，管理者该如何沟通呢？

● 方法 1：给予时间，给予空间

C 类型员工遇到问题时会反复、独立地思考，注重细节和精度，

但也容易陷入犹豫和怀疑的怪圈。管理他们的时候，管理者要给予他们足够的时间和空间，让他们自主分析问题。

● **方法2：布置任务，描述细节**

布置一项任务时，管理者需要给予更为细节性的描述，明确地描述任务的质量标准，并解释背后的原因及对大局的作用。最重要的是，明确任务完成的时间，避免员工思考过多而耽误进程。

● **方法3：鼓励社交，鼓励沟通**

人际适应力相对较差的是C类型员工，遇到不友好的事情时，他们会感觉不安和担忧，用一种审视的眼光看待周围。对此，管理者应多创造部门内外正式与非正式的交流机会，破除其他成员对C的偏见，鼓励C类型员工融入团队。

一句话沟通锦囊：和C沟通，给细节。

从职位选择和安排来看，D类型员工更适合被安排在管理、领导、销售或者市场岗位，I类型员工更适合被安排在人力资源、行政管理、协调、职能岗位等，S类型员工更适合被安排在执行、助理、客服和客户支持岗位等，C类型员工更适合被安排在研发、研究和创新岗位等。

小作业

1. 对于 D 类型员工，我们应该如何沟通？（　　）

A. 适度授权，让员工放手去做

B. 设置挑战，给予压力

C. 直奔主题，就事论事

D. 以上都是

答案：D

2. 对于 I 类型员工的沟通方式，以下说法不正确的是（　　）。

A. 照顾面子，照顾情绪

B. 明确政策，引导行为

C. 营造环境，团队共荣

D. 当面批评，言辞犀利

答案：D

第五节　对外沟通，三招轻松抢占年轻人市场

盲盒的魅力有多大？它不仅仅是一件商品，更像是一场未知的冒险。每个盲盒都隐藏着未知的元素，这种不确定性激发了年轻人的好奇心和探索欲。同时，盲盒所附带的社交属性，也让"95后""00后"在交流分享中找到共鸣和归属感。

《腾讯"00后"研究报告：超新生代的价值观和消费观念》显示，"00后"更加喜欢专注且有信念的品牌和偶像，愿意为自己的兴趣付费。年轻群体是新消费的主要目标客户，"95后""00后"对零售消费业的贡献已超过"70后"和"80后"。相对应的是，很多曾经赫赫有名的大品牌面临着品牌老化、核心资产流失、无法吸引年轻消费群体等严峻问题，这让很多企业感到焦虑。为此，我们探索出以下三个方法。这些方法将结合当下年轻人的特点和需求，在传承品牌经典的同时，注入新的活力和元素，使传统品牌能够与时俱进，重新焕发出迷人的魅力，从而赢得年轻人的青睐。

一、社交媒体营销

社交媒体营销，是指借助各类社交媒体平台来推广产品、服务或品牌，以吸引目标受众、提高品牌知名度、促进销售并与客户提

高紧密联系的营销手段。常见的社交媒体平台有微信、微博、抖音、小红书、知乎、B 站等。

如果针对年轻人开展社交媒体营销，需要深入了解年轻人的特点、兴趣爱好、消费习惯和社交媒体使用偏好，从而精准定位营销方向。不同的平台在用户群体、内容形式和传播特点上存在差异。比如，抖音以短视频为主，适合展示生动有趣的内容；小红书注重生活分享和消费推荐；B 站则以中长视频和二次元文化为特色。企业应根据目标年轻人的活跃平台进行有针对性的选择。为了有辨识度，企业需要设计独特的品牌标识、统一的视觉风格和个性鲜明的品牌口号，要让品牌形象符合年轻人追求个性、时尚和创新的特点。

内容要具有趣味性、实用性和互动性，可以采用故事性叙述、幽默搞笑、情感共鸣等方式吸引年轻人；或制作系列短视频展示产品的创意使用场景，分享品牌背后的故事。同时，要积极与用户互动，及时回复用户的评论、私信和提问，建立良好的沟通渠道。也可以举办线上活动，如打卡挑战、创意竞赛等，鼓励用户参与和分享。

下面以一家新兴的运动服饰品牌为例。该品牌明确目标是在一年内将品牌知名度提升 50%，将线上销售额提高 30%。经过调研，企业发现目标年轻人主要活跃在抖音和小红书上，于是创建了充满活力和潮流感的品牌形象，以鲜明的色彩和简洁的设计吸引年轻人的目光。他们在抖音上发布一系列运动员穿着该品牌服饰做高难度动作的精彩短视频，展现产品的功能性和时尚感；在小红书上分享穿搭教程，展示用户的真实穿搭秀，强调产品搭配的多样性。此外，积极与用户互动。回复评论和私信，解答关于尺码、材质等问题；举办“运动达人挑战赛”，邀请用户穿着该品牌服饰拍摄自己的运动瞬间，参与者有机会获得新品奖励；精准投放广告，根据用户兴趣标签和浏览行为，将广告推送给潜在客户。经过持续努力，该品牌在年轻人中逐渐树立了良好的口碑，知名度和销售额均显著提高。

二、体验式营销

体验式营销是指以消费者为中心，通过提供独特、难忘且具有深度参与感的体验，来传递产品或服务价值，从而引发消费者的情感共鸣，促使其产生购买行为，并建立品牌忠诚度的营销方式。体验式营销具有综合性、情感性、个性化和互动性的特点。它并非孤立地强调产品或服务的功能，而是将多种元素融合在一起，让消费者在全方位的感受中形成深刻的记忆。同时，它注重触动消费者的内心情感，在体验中产生愉悦、兴奋或满足的情绪。根据不同消费者的需求和偏好，提供量身定制的体验，满足个性化追求。此外，它强调消费者与企业、产品或服务之间的双向互动，让消费者积极参与其中，而非被动接受。

针对年轻人的体验式营销，要紧密贴合他们追求新奇、热衷社交分享和注重自我表达的特点。以某大型商场为例，为了吸引年轻消费者，该商场精心策划了一系列体验式营销活动。其一，推出"时尚穿搭挑战"活动，在商场内设置多个风格的服装展示区，包括复古风、街头风、职场风等，邀请年轻人现场挑选服装，进行搭配，并在专属的走秀区域展示，由专业评委和现场观众投票评选出最佳搭配奖。其二，举办"密室逃脱挑战赛"，将商场的部分区域改造成密室逃脱场景，融入商场内的店铺和设施作为线索和解谜元素。年轻人组队参与，在解谜过程中熟悉商场布局，增加趣味性和互动性。

通过这些活动，该商场吸引了大量年轻的消费者，客流量显著增加。消费者在商场内的停留时间延长，消费金额也有所增加，商场的社交媒体账号粉丝量大幅增长。消费者的分享和推荐，也使得商场的知名度和美誉度进一步提高。体验式营销让消费者与商场建立了更紧密的情感联系，增强了他们对商场的认同感和忠诚度，从而在营销上取得了显著的成果。体验式营销为企业与消费者之间搭建了更具活力的沟通桥梁，尤其是对于年轻消费者，具有强大的吸引力和影响力。

三、合作与联名

在营销领域，合作与联名是指两个或多个品牌、机构、个人等共同合作，整合各自的资源、优势和影响力，以实现共同的营销目标。合作双方能够将各自的资金、渠道、技术、人才等资源进行有机整合，实现优势互补。不同品牌的形象和声誉相互融合，扩大品牌的影响力和覆盖面，通过独特的合作形式和产品，为消费者带来新颖的体验，吸引新的消费者群体，扩大市场份额。

许多网红品牌针对年轻人成功地开展了合作与联名活动。比如，某知名国产美妆品牌与热门游戏 IP 联名。该美妆品牌以时尚的设计和高性价比在年轻女性中颇受欢迎，合作的游戏则在年轻男性和女性玩家中拥有庞大的粉丝群体。双方合作推出以游戏角色为主题的限量版彩妆系列，包括眼影盘、口红、腮红等。在产品设计上，它充分融入游戏元素，包装采用游戏中的经典场景和角色形象，色彩搭配也参考了游戏的风格。推广方面，它通过游戏官方渠道、美妆品牌的社交媒体账号，以及知名美妆博主进行宣传，并在各大电商平台设置专属页面，举办线上抽奖、优惠活动等。同时，在城市的线下门店举办主题活动，邀请消费者现场体验产品，与游戏角色的扮装者互动合影等。

美妆品牌和热门游戏的这次合作与联名取得了显著的效果。产品在上市初期就得到了高度关注，众多游戏玩家和美妆爱好者纷纷表示期待。开售当天，线上平台部分热门产品迅速售罄，线下门店也排起了长队。品牌的社交媒体话题热度持续攀升，相关话题的阅读量和讨论量大幅增长，获得了大量新粉丝的关注。通过这次合作，美妆品牌成功开拓了男性消费者市场，游戏IP也进一步提升了在女性群体中的影响力。

又如，某时尚服装品牌与知名潮玩品牌进行联名。服装品牌以其潮流的设计和紧跟时尚的风格深受年轻人喜爱，潮玩品牌则在年轻潮流爱好者中拥有极高的人气，双方合作推出了一系列联名服装和限量版潮玩。设计服装时，企业巧妙融入潮玩的独特形象和色彩元素，展现出独特的个性和时尚感。

综上所述，合作与联名作为一种有效的营销手段，能够为品牌带来新的活力和机遇，尤其在吸引年轻人方面具有显著的效果。品牌需要精准把握年轻人的喜好和需求，精心策划合作方案，才能实现共赢。

本章小结

在本章中，我们关注到了代际矛盾，特别是针对"00后"的躺平现象，剖析了其背后原因。为解决这一问题，我们提出了防止员工躺平的"三招"，旨在激发员工积极性，提升工作效能。为促进企业内部跨代际的高效融合，管理者可以设计跨代际主题对话帮助打破沟通障碍；组织跨代际主题任务工作坊，让不同年代员工协同合作，发挥各自优势，共同完成任务；组织跨代际案例萃取，传承宝贵经验，推动企业持续发展。同时，针对不同性格的新生代员工，基于 DISC 的沟通方法有助于增进彼此的理解与协作。在对外拓展方面，若想抢占年轻人的市场，社交媒体营销、体验式营销、合作与联名三种策略至关重要。社交媒体营销能精准触达年轻群体，体验式营销能满足他们对新奇的追求，合作与联名则借助品牌叠加效应扩大影响力。

跨代际融合并非一蹴而就，它需要管理者持续关注，不断调整策略。管理者必须充分理解不同代际的差异，灵活运用上述方法。只有这样，管理者才能有效化解矛盾，提升团队凝聚力和协作效率，增强企业在市场中的竞争力，从而推动企业走向成功。

本章金句

识别优势多鼓励，支持员工快成长。

性格互补建团队，整合力量展风采。

这是个懂比爱更重要的时代，我懂你，能瞬间融化一切，沟通是管理的桥梁，倾听是智慧的开端。优秀的管理者，总能和不同性格员工找到共鸣。

第七章

用好能力：如何进行跨代际管理

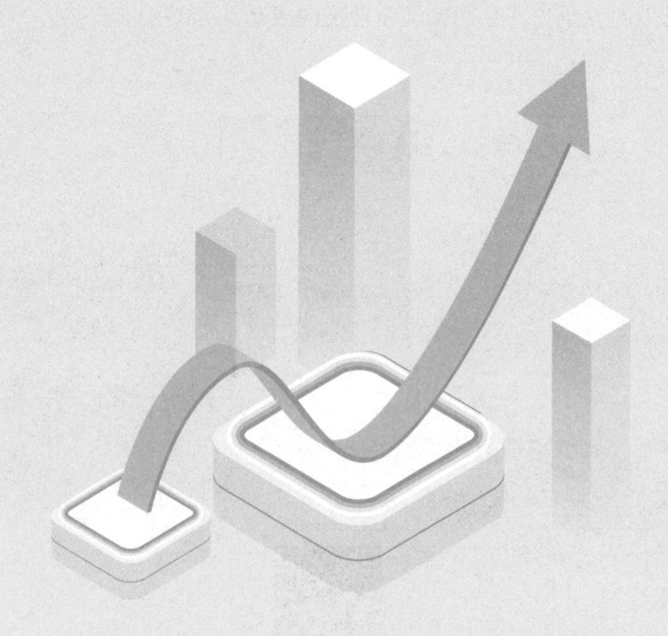

第一节 变革前沿，管理者晋升年轻化

某软件公司，两位经理正在竞争部门总监岗位。1995 年出生的天逸是产品经理，与他一同竞争总监岗位的是具有丰富经验的 1985 年出生的研发经理老张。这场竞争在公司内部引起广泛关注。在产品方面，天逸展现出了非凡的创新能力。他深入了解用户需求，不断提出新颖的设计理念。某次，公司接到一个重要项目，需要开发一款具有创新功能的智能软件。天逸迅速组织团队，运用前沿技术，成功开发出一款备受用户喜爱的产品。项目管理上，他的组织和协调能力同样让人瞩目，面对复杂的项目进度和各种问题，他总能迅速找到解决方案，确保项目按时交付。他还善于激发团队的创新活力，和“00 后”下属还能一起打热门游戏，营造了开放、包容的团队氛围。

但在市场分析和战略规划方面，两人的看法有所不同。老张注重过往经验和现有市场趋势，天逸则能更敏锐地捕捉到新兴技术的潜力和未来发展趋势。在一次关键的战略会议上，天逸提出了一项大胆的计划。他认为，随着智能科技的飞速发展，公司应该积极布局人工智能领域，开发相关产品。他的观点得到了公司高层的重视，认为这更符合公司的长远发展战略。

经过多轮激烈竞争，天逸最终脱颖而出，战胜老张，成为部门总监。公司在选人时，并非只看年龄，更看重能力和潜力。在评选总监的过程中，公司安排多轮严格的考核和评估。首先，是对候选人的专业能力进行全面考察，包括技术水平、产品设计能力等，重点考核领导能力和团队合作精神，观察候选人在团队中的影响力和协调能力。其次，创新能力和体能也是重要考量因素，尤其在快速变化的互联网行业，创新能力更是重点考核因素。

在现代职场中，年龄不应是衡量能力的唯一标准。30～35岁的管理者凭借创新思维、进取精神和出色能力，展现出不凡的竞争力。**猎聘2021年发布的《当代年轻职场人现状洞察报告》显示，**“近四年来，‘90后’在高级管理人员中的占比整体处于上升趋势。2018年，‘90后’在高级管理人员中的占比为17.34%，2020年这一占比提升至24.10%。2021年1—8月，‘90后’在高级管理人员中的占比为23.58%，与2020年基本持平。”

在一些高精尖领域，如5G、航空航天、人工智能、芯片、疫苗、智能制造等，“90后”人才已经开始挑大梁。航空航天领域，“90后”人才占比已由2018年的33.75%上升至2020年的43.13%，2021年1—8月上升至45.57%；人工智能领域，“90后”人才的占比，2018年为40.01%，2020年上升至46.97%，2021年1—8月上升至47.7%；芯片领域，2018年“90后”人才占比为36.11%，2021年1—8月上升至47.98%；智能制造领域，2018年90后人才占比为35.43%，2021年1—8月上升至45.11%。此外，5G、疫苗领域，“90后”人才占比均超过4成。

在当今竞争激烈且不断变化的商业环境中，管理者晋升年轻化已逐渐成为一种趋势。年轻的管理者带着蓬勃的朝气和创新的思维步入管理岗位，为企业注入了新的活力。他们勇于挑战自我，积极追求卓越，为企业带来了蓬勃的朝气和活力。在新兴科技行业，如人工智能、区块链等领域，年轻的研发主管或项目经理能够以无畏的精神推动技术创新。在产品研发部门、市场营销部门等，年轻的管理者能够凭借创新思维和敏锐的洞察力，提出新颖的想法和策略。

年轻的管理者普遍学历较高，对新事物保持高度敏感，能够快速洞察市场趋势和行业动态，为企业发展提供前瞻性的思路。在时尚、新媒体等行业，年轻的创意总监或运营经理能够引领潮流，开拓市场。在战略规划、市场拓展部门等，年轻的管理者能够运用其前瞻性思维，为企业的发展指明方向。他们在数字营销、数据分析等方面具有较强的能力，能够高效地管理和运营企业。在电商、金融科技等领域，年轻的部门主管或业务经理能够充分发挥数字技术的优势。在信息技术、数据管理部门等，年轻的管理者能够利用数字技术提升工作效率和管理水平。

在制造等传统行业，具有丰富经验的管理者在重大决策上更具可靠性。在财务、生产管理部门等，年长管理者的经验和稳重能够更好地应对复杂的决策问题。在管理与商业等领域，人际关系的复杂性对管理者的情商和沟通能力提出更高的要求。在人力资源、公共关系部门等，年长管理者的沟通技巧和人际关系处理能力更显优势。年轻管理者的全局观和战略眼光相对较弱时，可能会出现以下行为和理念上的偏差，如容易受到局部信息影响，作出不够全面和长远的决策，过于关注眼前利益，忽视企业的长期发展，不能有效整合和调配资源，影响企业整体效益。

在当今多元化的商业世界中，管理者作为行业发展的领航者，其要求深受行业特性、所属部门、具体工种以及企业文化等多重要素的影响。行业的创新性、发展速度、风险程度等各不相同，导致对管理者的要求也千差万别。正因如此，在选拔管理者时，我们不能以单一标准一概而论，而是需要根据企业自身情况作综合判定。

以下行业适合倚重年轻管理者。

- 互联网行业：技术更新快，年轻管理者对新技术、新趋势更敏锐，能快速适应行业变化，引领团队开拓创新，体能更佳。
- 广告行业：创新需求高，年轻管理者思维活跃，富有创造力，更能提出与众不同的想法，推动业务快速发展。
- 新媒体行业：传播形式多，年轻管理者更熟悉互联网语言表达及各类新媒体工具，有利于制定有效的营销策略。

以下行业适合倚重年长管理者。

- 传统金融行业：传统金融行业具有风险高、规则严、资金量大且业务复杂的特性。年长管理者能凭借多年积累的经验准确判断风险，熟悉行业规则以保障合规运营，还能在复杂的业务中作出明智决策。
- 传统制造行业：传统制造行业具有生产流程长、技术成熟稳定、设备维护要求高、质量把控严格的特点。年长管理者熟知生产流程，能高效处理设备故障，凭借经验严格把控质量，保障生产稳定，使企业平稳运行。
- 医疗行业：医疗行业具有专业性强、风险高、知识体系复杂的特点。年长管理者能在医疗决策、团队管理和应对复杂医疗状况时更加沉稳，保障医疗服务的质量和安全。

选拔合适的管理者对于企业的持续发展至关重要。企业在进行这一关键决策时，多方位地考察必不可少。能力测评犹如基石，判断管理者的基本情况；项目实践是试金石，检验其实际操作能力；团队协作反映其协调与合作水平；心理特质决定其抗压和应变能力；社交网络影响力则彰显管理者的个人魅力与拓展资源的潜能。接下来，我们将深入每一个考察维度，详细剖析其要点和重要性，为企业选拔出真正优秀的管理者指明方向。

● 能力测评

采用新颖的数字推理、图形推理等测试，评估候选人的思维敏捷性和逻辑分析能力。例如，“请观察以下图形序列，找出其中的规律，并预测下一个图形是什么”，借助创新思维游戏，设计创意任务，考察候选人的创造力和突破传统思维的能力。又如，“请利用给定的材料，设计一个独特且实用的产品”，企业通过能力测评精准识别候选人的优势与不足，确保选拔的客观性和公正性，找到潜力巨大、适配岗位的人才，促进企业发展。

● 项目实践

安排候选人参与实际项目，通过观察其在项目中的表现、成果和解决问题的能力来评估。可以询问，“在这个项目中，你遇到的最大挑战是什么，你是如何克服的”，要求候选人展示他们过往主导或参与的项目成果，深入了解其执行能力和实际效果。又如，“请详细介绍你在这个项目中所承担的角色和取得的主要成果”。

企业以项目实践与成果评估来选拔人才，能直观展现候选人的实际操作能力和应对挑战解决问题的水平。真实的项目成果可作为客观衡量标准，减少主观判断误差，同时发掘具备创新思维和高效执行能力的人才，为企业带来新活力和发展动力。

● 团队合作能力

设计团队合作场景，如团队拓展活动或协作挑战，观察候选人在团队中的互动和领导表现。比如，"在团队遇到分歧时，你是如何协调各方意见的"，利用虚拟现实或情境模拟技术，让候选人在特定情境中展现领导能力，如决策、激励和团队建设等。

A 公司是笔者培训过的某知名电子科技创新型企业，业务范围不断拓展。目前，公司面临着市场竞争加剧、业务复杂度提升等挑战。在管理层面，现有的领导团队年龄结构偏大，思维方式和创新能力难以适应新的发展需求。因此，它迫切需要提拔一批年轻干部，他们应具备创新思维、敏锐的市场洞察力、高效的执行能力，以及良好的团队协作精神，以带领公司在激烈的市场竞争中开拓新局面，实现战略目标。

A 公司采取的领导力模拟训练要求候选人与其他团队成员合作完成。在完成任务的过程中，管理者观察他们如何沟通、协调、分配任务，以及解决冲突。在模拟团队执行任务出现意见分歧时，观察候选人如何引导讨论、寻求共识，并作出决策。当团队面临时间压力或资源限制时，看候选人如何调整策略，激励团队成员保持积极的工作态度。

企业通过团队协作与领导力观察选拔人才，能直接洞察候选人在团队中的融合度和影响力，了解其组织协调和激励团队的能力。这种方式可确保选出善于合作、能引领团队达成目标的人才，提升团队整体效能，推动企业高效发展。

心理测试

在企业的人才评估与管理者选拔中，心理测试是重要的辅助工具。MBTI 人格类型测试是一种广泛应用的心理测试工具。它基于卡尔荣格的心理类型理论，通过四个维度——外向（E）与内向（I）、感觉（S）与直觉（N）、思考（T）与情感（F）、判断（J）与感知（P），将人格分为 16 种类型。例如，ESTJ 型的管理者通常具有很强的组织和管理能力，做事高效、果断，注重实际和事实；INFP 型的管理者富有创造力，更关注团队成员的情感需求和价值观。MBTI 可以帮助企业了解管理者在决策、沟通、问题处理等方面的偏好和风格，从而更好地安排工作和组建团队。

PDP 行为特质动态衡量系统也发挥着重要作用。它把测试对象分为五种类型：老虎型、孔雀型、考拉型、猫头鹰型和变色龙型。老虎型管理者具有强烈的掌控欲和决策力，目标明确，行动迅速；孔雀型管理者善于表达和社交，富有激情和影响力；考拉型管理者性格温和，耐心稳重，善于协调和维持团队和谐；猫头鹰型管理者注重细节，条理分明，做事严谨；变色龙型管理者则能够根据不同情境灵活调整自己的风格，适应各种变化。

通过这些心理测试，企业能够更全面地了解管理者的潜在特质，选拔出与岗位需求和团队文化相匹配的人才，提高管理效能和团队协作效果。

社交调查

通过分析待提拔人才在社交网络上的影响力和互动情况，企业能够了解其社交能力和影响力范围。向候选人的前同事、上级或合作伙伴了解其工作表现和口碑，获取更全面的评价信息。企业通过社交影响力与口碑调查选拔人才好处明显，如能了解候选人的人际网络和社会声誉，反映其沟通和人脉拓展能力；可挖掘出具有良好形象和影响力的人才，为企业带来更多合作机会；也利于塑造积极的企业形象，增强企业的社会竞争力。

小作业

哪些行业更适合倚重年轻管理者？（　　）

A. 互联网行业

B. 广告行业

C. 新媒体行业

D. 医疗行业

答案：ABC

第二节 做好本职，如何三招辅佐年轻上级

家居行业 A 公司近期推出一款具有创新功能的智能门锁，亟须制订有效的推广方案来打开市场。“80 后”员工老王和“90 后”营销经理小李在新产品的推广上出现了严重的分歧。老王认为，该产品的目标人群是有消费能力的中老年人，组织产品展销会、社区推广、地推等活动会更有效。小李则看法不同。他认为智能家居产品主要面向追求科技感的年轻消费群体，应当利用当下热门的线上社交媒体平台和直播来推广。如制作吸引人的短视频、邀请网红进行产品测评直播等，能够快速扩大产品的影响力，吸引更多年轻消费群体，快速提高销量。

老王认为他在传统家居行业工作近 20 年，以往那些常用的方法非常有效，如今却被年轻 10 岁的经理小李全盘推翻，实在难以接受。一方面，他坚信自己过去的方法有效，不明白为何要被彻底摒弃；另一方面，对于当下新的营销方式，他确实不会用。而且，从心理上，他很难接受比自己年轻 10 岁的小李成为自己的上级，总觉得小李经验不足，凭什么指挥自己。这种抵触情绪极大地影响了老王的工作状态，导致他在工作中消极应对，不愿积极学习新的推广

知识和技能，也不愿意配合小李的工作。最终，老王的绩效考核处于低分，陷入被裁员的危机。

在工作中，当遇到上级比下属年轻的情况时，下属需要以恰当的方式来辅佐上级，以实现共同的目标。以下将从走出观念误区、升级表达技巧以及不断学习新知三个方法进行详细阐述。

一、走出观念误区

在当今多元化的职场环境中，年长的员工需要深刻反思并改变一些观念，切不可自恃经验而倚老卖老，这种态度往往会带来诸多弊端，也不要轻易因管理者年轻就质疑其管理能力。年轻管理者拥有更高的学历，接受过系统、专业的培训，具备较好的创新思维，视野更为开阔，更擅长使用新工具、新方法。作为下属，我们应当摒弃刻板印象，以开放的心态去了解和接纳上级。积极地配合与上级形成良性互动。这不仅是对他人的尊重，更是对自己的提升。反之，若一味抵触，只会让自己陷入职业发展困境，错失各种机遇。

在笔者授课的某企业中，曾发生过这样的事情。起初，老张对小李的很多想法和做法不认同。在一次产品创新讨论会上，小李提出采用新的设计理念和材料，以迎合年轻消费者的需求。老张却认为传统的方法稳定、可靠，新的尝试风险太大。两人当场争论起来，气氛十分紧张。

随着时间的推移，老张发现市场变化越来越快，传统产品逐渐失去竞争力。在一次与客户的交流中，客户对竞争对手的创新产品表现出极大兴趣，这让老张开始反思自己的保守观念。老张主动找到小李，诚恳地交流并表示愿意学习新的思维和方法。小李也十分敬佩老张的经验和沉稳，耐心地向他讲解新的理念和技术。之后，在新产品研发项目中，老张凭借丰富的经验把控风险，小李运用创新思维提出新颖方案。两人相互协作，产品大获成功，不仅提高了市场份额，还为公司赢得了良好口碑。最终，老张和小李关系融洽，配合默契，实现了双赢。

二、升级表达技巧

在职场中，与上级意见不合是常见现象，此时采用专业的表达方式至关重要。通过恰当的话术，人们既能清晰阐述自身看法，又能让上级更易接受。好的表达能够避免冲突，营造和谐的工作氛围，还有助于展现自身专业素养，赢得上级的认可与信任，为职业发展铺平道路，使工作交流更加顺畅、高效。我们将通过以下三个场景的话术训练来升级表达技巧。

如果对工作筹备有异议，作为下属，你可以这样表达：“非常感谢您对我的信任和给予的工作安排。不过，如果在执行这项任务时，先做一些前期筹备工作，可能会让整个过程更加顺畅，也能提高效率。您觉得这样是否可行呢？”

如果对工作方法有异议，作为下属，你可以这样表达：“我在实际操作中发现，对于目前的工作，如果采用另一种工作方法，可能会更加契合实际情况，也能更好地满足客户的需求。您觉得可以尝试一下吗？”

如果对工作改进有异议，作为下属，你可以这样表达：“关于这次的工作结果，我有一些想法想和您交流一下。我觉得在某些方面我们做得很出色，但也有一些可以改进的地方。您看什么时候，我向您做进一步请示？”

除了口语表达外，书面汇报同样有着举足轻重的地位。**书面汇报需涵盖三个关键要素：清晰的结构、准确的数据、客观的描述。**清晰的结构能让上级一目了然，准确的数据给予有力支撑，客观的描述保证真实性。同时，明确的目标指明方向，详细的分析结果和影响凸显深度，节点和进度清晰展现工作节奏，风险挑战的揭示体现前瞻性。此外，下一步计划明确行动方向，背景和参考丰富内容。只有尽量规范各种表达，才能更有效地向上级表达意图，选择不同的方法，实现更好的沟通效果。接下来，我们看一个具体的案例，切实感受书面表达所呈现的专业成果。

某公司的项目汇报书：

项目名称：某大型项目

背景参考：本项目旨在开发一款创新型产品，以满足市场日益增长的需求。项目启动于××××年××月××日，由×团队负责执行。

明确的目标：在××日前完成产品开发并推向市场，预计实现销售额×××万元。

项目和进度：目前已完成产品设计进度的××%，并进入原型测试阶段。已完成的工作包括××××。

结果和影响：通过市场调研和数据分析，我们发现产品在某些特性上具有竞争优势，但也面临技术难题和市场竞争压力。

风险和挑战：技术方面可能出现的故障、供应链不稳定，以及市场需求变化等，都是潜在的风险。

下一步计划：加强技术研发团队力量，优化供应链管理，加大市场推广力度。预计在 ×× 月 ×× 日完成产品最终测试并准备量产。

背景和参考：参考 ×× 调研报告等。

三、不断学习新知

不同行业所需学习的知识各有侧重。例如，在金融行业，风险管理岗位要学习大数据分析在风险评估中的应用，掌握如 Python 编程语言和数据分析软件等工具；投资顾问岗位需了解量化投资策略，运用金融量化分析软件。制造行业中，生产管理岗位要掌握工业 4.0 的智能制造技术，学会使用 CAD 软件进行产品设计、使用 ERP 系统优化生产流程；质量控制岗位，要熟悉精益生产理念的新实践，运用先进的检测设备和数据分析方法。医疗行业，外科医生需要了解 3D 打印器官模型，并将其应用于手术规划，掌握医疗人工智能辅助诊断工具；医疗数据分析师要精通医疗大数据的分析与应用，熟练使用相关数据分析软件等。

对于职场中的资深员工来说，不断学习新知不仅是为了更好地适应年轻上级的管理方式和工作要求，也是为了提高自身的职场竞争力。通过持续学习，人们能够紧跟行业发展步伐，掌握新的理念、技术和方法，从而在面对各种工作挑战时游刃有余。即使在当前所在的企业内部没有理想的晋升通道，凭借不断学习积累的知识和经验，你也能成为备受认可的行业专家，可以有效避免诸如中年危机之类的困境，在职业生涯的道路上始终保持前进的动力和活力。

小作业

专业的书面汇报需要具备以下哪些元素？（　　）

A. 清晰的结构

B. 准确的数据

C. 客观的描述

D. 以上都是

答案：D

第三节 尊重前辈，如何三招管理年长下属

某制造业公司，“90后”的亮亮凭借出色的业务能力和敢打敢拼的精神，在众多竞争者中脱颖而出成为销售部门经理。然而，上任初期，他就面临一个严峻的挑战：部门中有位“85后”老员工老李非常难管理。老李观念保守，对新产品和新渠道都不熟悉，业绩一直不好。在一次部门会议中，亮亮提出了一个全新的销售策略。他刚说了几句话，老李却说：“亮亮啊，我们一直以来都是用传统的方式做销售，突然换新的方法，我不会啊。”亮亮说：“你那套方法早就过时了，我是经理，按我说的做。”老李回应道：“你的这个方法大家都不会啊。”亮亮皱了皱眉，提高声音：“你快40岁了，年纪大了，思维跟不上了，别拖团队后腿，难怪业绩一直不好，还不是因为年纪太大了？”

这样的沟通方式让场面变得尴尬，其他员工也都感觉到亮亮对老员工的不尊重。在执行方案过程中，员工们缺乏积极性，对新的销售策略执行不到位。最终，这个销售部门的业绩持续下滑，公司高层对亮亮的能力也产生怀疑。

在工作中，作为上级，当下属比自己年长时，不能仅仅依靠行

政命令，而需要理解和尊重他们，采取更加灵活的方式与下属沟通，进行管理。管理者要认识到年龄差异并不代表能力和经验的绝对高低，需以平等、开放的心态对待每一位下属，尊重下属的意见和建议。以下将从实现互信尊重、提升沟通技巧以及经验优势互补三个方面进行详细阐述。

一、实现互信尊重

实现互信尊重至关重要，也是沟通的第一步。这样企业能增强团队凝聚力，提升工作效率与质量。在年轻上级与年长下属间，互信尊重可消除年龄差距造成的障碍。年轻的上级应积极创造机会，让下属充分表达自己的想法。在倾听时，要全神贯注，不随意打断，保持专注的态度；认真思考下属的观点，即使有不同的意见，也应尊重其思考过程，并在适当的时候进行讨论和交流。通过认真倾听，上级能让下属感受到自己的意见被重视，从而增强他们的参与感和归属感。

在明确工作目标和要求的基础上，上级要给予下属一定的自主权，让他们能够根据实际情况自行作出决策，不过多干涉下属的工作过程，相信他们有能力处理好相关事务。这种信任和放权能够让下属感受到被尊重，同时也能激发他们的工作积极性和创造力，提高工作效率和质量。上级要及时发现下属的工作成绩，并给予真诚的认可和赞赏。上级可以通过口头表扬、书面表扬、奖励等方式表达对下属的肯定，具体指出下属在工作中表现出色的地方，让他们知道自己的努力得到认可。这种认可和赞赏能够增强下属的自信心和成就感，激励他们更加努力地工作。

每个人都有自己独特的个性和生活方式，年轻的上级要尊重下属的个性差异，不强制要求下属完全按照自己的方式行事。同时，也要尊重下属的生活，不随意占用他们的休息时间和个人空间，理解下属的需求和困难，在合理范围内给予支持和帮助，让下属感受到上级的关心和体贴。

二、提升沟通技巧

当年轻的上级与年长的下属意见不一致时，运用恰当的表达方式至关重要。首先，要根据自己的行业特性、企业文化，用尊重的口吻称呼下属，如“前辈”“老师傅”“哥”等，以表达对他们经验和资历的认可。然后，可以这样说：“我非常理解您的观点，也知道您在这方面有着丰富的经验，但我也想分享一下自己的看法，我们可以一起探讨，也许能找到一个更好的解决方案。”在表达自己的观点时，要客观、清晰，避免过于强硬或直接否定下属的意见。同时，要积极倾听下属的回应，保持开放的心态，共同寻求一个双方都能接受的结果。这样的表达方式能够让年长的下属感受到被尊重和重视，也更愿意接受上级的观点。

以下是适用于不同行业的沟通话术。

制造业：

年轻上级：张师傅，对于这次生产线上出现的问题，您觉得主要原因是什么呢？

年长下属：我觉得可能是设备老化导致的一些精度偏差。

年轻上级：那您觉得我们应该怎么解决呢？

年长下属：可以先进行设备维护和校准，看看效果如何。

年轻上级：好的，那您安排一下这方面的工作吧。

互联网行业：

年轻上级：哥，对于这个新的用户需求，您有什么想法？

年长下属：我觉得可以从优化算法方面入手，提高用户体验。

年轻上级：那具体要怎么做呢？

年长下属：可以先进行一些测试和数据分析。

年轻上级：嗯，那您带领团队去做一下吧。

外企：

年轻上级：Johnson，对于这个海外市场的拓展方案，您有什么建议呢？

年长下属：我认为我们需要更深入地了解当地文化和市场需求。

年轻上级：那您觉得我们应该从哪些方面入手呢？

年长下属：可以先进行市场调研，收集相关信息。

年轻上级：好的，那您负责组织这项工作吧。

三、经验优势互补

经验优势互补能促进创新，融合不同视角和思维方式，形成更具竞争力的解决方案。它有助于增强团队协作能力，让成员相互理解，配合更默契，从而提高工作效率。年长员工通常在多个方面具有优势和经验，对企业的文化、价值观和业务流程有着深刻的理解，能在传承和稳定方面发挥重要作用。在技术操作上，他们积累了丰富的实战技巧，能迅速解决复杂问题；在人际关系处理上，更懂得与不同性格的同事和客户打交道，维护良好的合作关系。

例如，可组织“经验分享会”，将其固定为每月一次的活动，邀请年长员工作为主讲人。每次分享会提前两周确定主题，比如“客户投诉的巧妙处理”“提升工作效率的实用方法”等。通知发布后，主讲人有充足的时间回顾和整理自己在相关主题上的经历。分享会当天，主讲人精心准备PPT或详细的文字材料，通过具体的案例、数据和图表，生动且深入地阐述自己的经验。例如，在“客户投诉的巧妙处理”主题分享中，主讲人可以讲述自己遇到的各种类型的投诉，以及采取的针对性措施，如耐心倾听、快速响应、提出合理的解决方案等，同时分析每个步骤的作用和效果。分享结束后的互动环节，其他同事可以积极提问，如“面对情绪激动的客户，如何保持冷静”“如何判断客户的真正需求”等。大家共同探讨，分享自己的见解和可能的应对策略。为增强主讲人参与的积极性，企业可以设立多种奖励，如“最佳分享奖”“最具价值问题奖”“积极参与奖”等，获奖者可以获得额外的绩效加分、培训机会或小礼品。

再如，可以创建“经验交流论坛”进行互相自主学习。在企业内部网络平台上专门设立论坛，并细分为多个板块，如“市场营销经验区”“人力资源管理心得区”“技术研发成果交流区”等。发帖人在分享经验时，可以详细描述自己的实践过程、遇到的困难及解决方法，同时附上相关的图片、视频或文档作为辅助说明。其他员工看到后能够跟帖评论，如“这个方法在我们部门也适用，感谢分享”“我有不同的看法，我认为还可以这样优化”等，形成热烈的交流氛围。此外，安排专门的版主负责审核和管理论坛内容，确保分享的质量和合规性。对于热门且有价值的话题，版主进行置顶和加精处理，方便更多员工浏览和学习。也可以定期对论坛中的优质内容进行汇总和整理，汇编成系统的经验手册，供员工随时查阅和学习。

小作业

作为上级，当下属比自己年长时，你要如何管理？（ ）

A. 实现互信尊重

B. 提升沟通技巧

C. 经验优势互补

D. 以上都是

答案：D

第四节 平级交流，跨代际团队如何互相学习

企业中存在跨代际团队的现象日益普遍。不同年龄段的员工汇聚一堂，他们各自带着独特的经验、价值观和技能。这种跨代际的组合既带来了挑战，也蕴藏着无限的潜力。**彼得·德鲁克说过，“多样性是创新的源泉”**。这意味着不同背景、经验和观点的融合，能激发更多创新思维。在跨代际交流中，促动技术可以通过创建共同的目标和价值观，促进不同年龄段的人之间的沟通和理解，从而打破代沟，增强代际之间的联系和合作。跨代际团队可使用以下三个促动技术相互学习。

一、鱼缸会议

鱼缸会议是一种团队沟通与解决问题的会议形式。它将参与者分为“鱼”（核心讨论者）和“观察者”。“鱼”在中间讨论问题，“观察者”在外围倾听并提供反馈。这种会议形式打破了传统的交流障碍，促进深度的思考和坦诚的沟通。许多行业和企业曾采用过鱼缸会议的方式，如互联网行业的创新团队、制造业的质量管理小组、金融行业的项目策划团队等。其好处在于能够激发团队成员的积极

性和创造力，提高解决问题的效率，增强团队的凝聚力。

鱼缸会议常见的形式有问题解决型、经验分享型和策略规划型。问题解决型侧重于针对具体难题展开讨论，经验分享型鼓励成员分享成功经验和失败教训，策略规划型则主要用于明确未来的发展方向和制订清晰的行动计划。无论是哪种形式，鱼缸会议都为企业提供了一个开放、包容且高效的交流平台，帮助企业更好地应对各种挑战，推动企业不断发展进步。

在准备阶段，明确本次鱼缸会议的主题，如"新员工如何融入团队"等。要邀请新老员工参加会议，并确保每个小组都有不同年龄段的代表。如果条件允许，可以使用一个实际的鱼缸或在会议室中划分出一个虚拟的空间作为"鱼缸"；如果条件不允许，也可以使用其他形式来划分空间，如用彩带或椅子等将会议室分成不同的区域。

在实施阶段，每个参与者在小组内介绍自己，包括姓名、工作职责和个人兴趣等。每个小组就会议主题进行讨论，鼓励新员工分享他们的想法和困惑，老员工则分享他们的经验和建议。之后，对所有的讨论结果进行整理和归纳，形成初步的方案和行动计划。所有参与者一起讨论整理后的方案和行动计划，进一步完善和优化。

在总结阶段，对会议中提出的方案和行动计划进行总结，明确下一步的行动步骤；对所有参与者的积极参与和贡献表示感谢，让他们感受到自己的意见和建议得到了重视。在会议结束后，跟进方案和行动计划的实施情况，确保会议成果得到有效落实。

平级之间的跨代际交流最重要的就是保持理性、倾听表达与寻求共识。在鱼缸会议中，新员工和老员工可以更好地了解彼此，分享经验和知识，建立良好的工作关系。这种交流方式不仅有助于新员工更快地适应工作环境，也有助于老员工从新员工那里获得新的视角和灵感，为团队发展注入新的活力。

二、欣赏式探询

欣赏式探询是一种积极且富有建设性的组织发展方法。它并非仅仅关注问题和缺陷，而是着重于发现、理解和放大组织内部的优势、成功经验，以及潜在的可能性。通过深入探究组织中已经存在的积极因素，欣赏式探询能够激发成员的积极情感和创造力，推动组织朝着更理想的方向发展。

欣赏式探询的意义在于能够营造积极向上的组织氛围，增强员工的归属感和自豪感，提升团队的协作效率。它能够帮助组织更好地应对变革，激发员工的创新思维，为未来的发展奠定坚实的基础。欣赏式探询适用于多种类型的企业，比如处于转型期的企业，它可以帮助企业发现新的发展机遇，提升员工对变革的接受度和适应能力。又如处于创新期的企业，欣赏式探询能够激发员工的创新潜能，促进新想法的产生和实施等。

正如彼得·德鲁克所说：“最伟大的领导者，不是那些拥有最多的追随者，而是那些能够让人们看到更多可能性并相信自己可以实现的人。” 欣赏式探询正是基于这样的理念，通过发现别人的优点，促进积极交流。当某个年轻或者年长员工做出了某些成绩，希望全部门可以跨代际学习的时候，就可以进行欣赏式探询。

在实操过程中，可以从以下几方面分步进行。确定主题，如以“庆祝成功，激励团队”为主题，强调员工的成就对团队的重要性；选择参与者，邀请不同代际的员工参加，每个参与者在自己的小组内介绍自己；小组讨论，每个小组就员工的成就进行讨论；跨组分享，每个小组的代表向其他小组汇报讨论结果；整理归纳，对所有的讨论结果进行整理和归纳，对会议中提出的方案和行动计划进行总结；感谢参与者，对所有参与者的积极参与和贡献表示感谢。

我们来看一个案例。某公司销售经理发现一名销售员近期成功签下了几个大订单，这不仅超出了他的个人销售目标，而且对整个销售团队的业绩产生了积极的影响。于是，销售经理召集团队成员，公开赞赏了这名销售员的出色表现，并详细询问了他在销售过程中采用的特别策略和技巧。了解到这些情况后，经理不仅对该销售员的成功表示祝贺，还鼓励其他销售员学习他的经验。经理还决定为这名销售员提供额外的培训资源，以帮助他进一步提升销售技能，为公司创造更多的业务机会。

“95后”“00后”年轻群体，对于情绪价值的需求非常高，欣赏式探询恰好提供了年轻人特别关注的情绪价值。当他们开心时，工作状态会非常出色。他们会积极主动地投入工作，展现出高度的创造力和创新能力。他们与同事之间的互动也会更加频繁和愉快，团队协作更加顺畅，能够高效地完成各项任务。当他们不开心时，工作状态则会大打折扣，极大可能会出现消极怠工、敷衍了事的情况，工作效率明显降低，与同事之间的关系也可能变得紧张，对团队氛围产生负面影响，进而影响整个工作进展和质量。

三、团队共创

团队共创法是一种集合团队成员的智慧和力量，以共同解决问题、制定策略达成目标的方法。它能够充分调动团队成员的积极性和创造力，激发创新思维，挖掘出更多潜在的解决方案，通过成员之间的交流与合作，增强团队的凝聚力和协作能力，促进信息的流通与共享，提高工作效率。

创意型行业，如广告、设计、互联网科技等，可采用团队共创法依靠团队成员的创意和灵感来满足市场的多样化需求。面临复杂问题或处于变革期的企业，比如传统企业在数字化转型过程中，也可运用团队共创法整合不同部门、不同背景人员的想法和经验，共同探索新的业务模式和发展路径。

团队共创法在实操中首先会明确一个需要团队共同解决的关键问题或目标，这个问题或目标应当清晰、明确且具有实际意义。之后，邀请来自不同部门、具备不同专长和经验的成员组成团队，确保团队的多元化和互补性。同时，营造轻松开放、鼓励自由表达的氛围，让参与者能够畅所欲言，毫无保留地分享自己的想法和见解。这些想法不论多么新奇或看似不切实际，都会被记录下来。

头脑风暴结束后，参与者对众多的想法进行分类整理，把相似的或者相关的归为一组。针对分类整理出的结果，团队成员深入探讨交流，挖掘每个想法的潜在价值和可行性。通过充分讨论，参与者逐渐将各种观点融合起来，形成几个核心的主题或方向，并根据这些主题或方向，进一步细化和完善，制订具体的行动计划，明确责任分工和时间节点。最后，按照计划执行，并在过程中根据实际情况不断调整和优化方案，以确保能够达成预期目标。

笔者曾为某知名互联网公司设计了一个团队共创方案。随着市场竞争的加剧，该公司遇到了用户活跃度下降和新用户增长缓慢的严峻问题。为了突破困境，公司决定采用团队共创法来寻找解决方案。公司邀请了不同部门的员工，包括技术、市场、运营、设计等，涵盖不同年龄段，既有经验丰富的老员工，也有充满创新思维的年轻员工。

在团队共创的过程中，参与者提出了很多有建设性的想法。技术部门的员工提出，可利用人工智能技术优化用户体验，根据用户的浏览习惯和兴趣精准推送内容；市场部门的员工建议与热门的社交媒体合作，举办大型线上互动活动，吸引更多新用户；运营部门的员工则想到推出一系列的用户激励计划，如签到送积分、邀请好友得奖励等，提高用户的参与度和黏性；设计部门的员工提出，对产品界面进行全新改版，采用更具吸引力的色彩和布局。经过各部门的通力合作，与社交媒体的合作活动迅速上线，吸引了大量新用户的关注和注册；用户激励计划有效提高了老用户的活跃度；技术部门的精准推送功能也在不断优化中发挥了重要作用。

这次团队共创，不仅解决了公司面临的问题，还形成了一套可借鉴的工作模式。各部门在后续的工作中，更加注重跨部门合作和创新思维的运用，为公司带来了持续的良好收益，进一步巩固了公司在市场中的领先地位。

小作业

跨代际团队可使用哪些促动技术进行互相学习？（　　）

A. 鱼缸会议

B. 欣赏式探询

C. 团队共创

D. 以上都是

答案：D

本章小结

年轻管理者具有创新思维活跃、对新技术和新趋势适应迅速的优势，年长下属在辅佐年轻上级时，需要尊重上级，通过提升表达技巧，清晰、准确地阐述观点和建议，运用恰当的沟通方式，在合适的时机，辅佐年轻上级更好地作出决策。相对应地，年轻的管理者面对年长下属，要秉持互相尊重的原则，避免因年龄产生偏见，尊重下属，倾听下属的声音，充分发挥团队成员的潜力。

平级之间，鱼缸会议、欣赏式探询和团队共创等都是促进交流与合作的好方法。鱼缸会议能让成员站在不同角度审视问题；欣赏式探询聚焦积极方面，激发团队正能量；团队共创则汇聚众人智慧解决难题。通过这些方式，平级之间能够取长补短，共同进步。

在企业中，无论是年轻的管理者还是年长的下属，都有各自独特的价值和优势。年轻管理者的冲劲与创新，年长下属的沉稳和丰富经验，只有彼此合作，优势互补，才能为企业创造更大价值。不同代际之间的合作是企业实现可持续发展的关键，它能带来多元的思维碰撞，激发创新活力，提升团队整体效能，让企业在激烈的市场竞争中稳健前行，不断抓住新的发展机遇。

本章金句

跨代沟通意义深，了解背景互包容。

彼此学习视野阔，优势互补共荣通。

沟通如舞，需步步相随，在交流的舞台上，管理者们要善于捕捉节奏，感知员工们的情绪与意图，处理好关系本身就是领导力的一种表现。

第八章

留住人力：如何留住人还能留住心

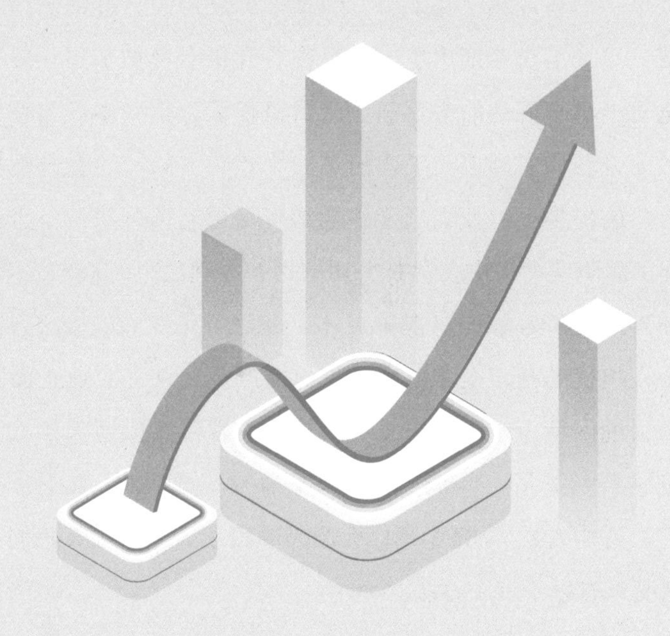

第一节 以人为本，如何三招防止人才流失

三年前，毕业于某名牌大学的优秀毕业生小李入职A公司的销售部。他头脑灵活，刻苦努力，凭借热忱与专业，接连斩获一个个关键订单，销售业绩一路飙升。然而，A公司的晋升机制却遵循论资排辈。尽管小李业绩出色，但每次晋升机会都被那些工龄更长的同事抢占，小李内心的失落与无奈日益积聚。他曾多次与领导恳切交流，均未获切实回应。工作的第三个年头，新一轮晋升契机出现时，升职的仍是一位业绩远逊于他却资历更老的同事，小李第一时间递交了辞职信，很快成为B公司的销售经理。

在当今竞争激烈的时代，人才无疑是企业发展的核心力量。然而，令人担忧的是，人才流失现象日益严重。许多企业正面临优秀员工离去的困境，这无疑给企业的稳定与发展带来巨大挑战。**苹果公司创始人史蒂夫·乔布斯说过，“如果你想要成功，就必须学会如何留住最好的人才。”**究竟是什么原因导致了人才流失？我们又该如何应对呢？有以下三个办法。

一、明确人才定位与发展方向

人才是具备专业知识与技能，且能创造价值的人。企业所需的

人才，不仅要有扎实的专业能力，还要有创新思维、团队协作精神和良好的沟通能力。明确人才定位是指企业需要清晰地认识到各类人才在组织中的角色和职责，为他们提供合适的工作岗位和职业发展空间。只有让人才找到自己的位置，才能激发他们的工作热情和创造力，降低流失风险。

根据企业战略和业务需求，管理者可制定人才的不同分类标准。例如，将人才分为核心人才、关键人才、潜力人才等。核心人才是指对企业战略和长远发展起着至关重要作用的人才，他们拥有独特的专业技能和丰富的行业经验；关键人才是指在企业关键岗位上发挥重要作用的人才，直接关系到企业的核心竞争力和市场地位；潜力人才则是指具有较大发展潜力和成长空间的人才，虽然目前他们可能还未在关键岗位上，但通过培养和锻炼，有望成为企业的未来领导者。

例如，在科技研发企业中，研发部门的高级工程师通常属于核心人才。他们掌握着核心技术，直接影响产品的研发进度和质量，是企业保持技术领先和竞争力的关键。产品经理则属于关键人才，他们负责协调各部门，推动产品的规划、设计和推广，对产品抢占市场起着重要作用。新入职的、具有优秀学术背景和创新能力的研发实习生，可以被视为潜力人才。他们虽然经验不足，但是展现出了巨大的发展潜力，经过培养，有望成为企业未来的核心或关键人才。再如，在制造型企业，经验丰富、能够熟练操作高精密设备的技术工人属于核心人才；负责供应链管理、能够有效降低成本和保障原材料稳定供应的采购经理属于关键人才；在基层工作中表现出较强学习能力和团队协作精神的年轻员工则属于潜力人才。

管理者要对各类人才的能力进行全面、客观的评估，了解他们的优势和不足。如运用面试、考察、考核等多种方式，确保评估结果的公正性和准确性。在评估过程中，要注重人才的实际表现和工作成果，而不仅仅看重他们的学历和经验。**常见的评估方式如下。**

360度评估：它是全方位评估方式的一种，涉及员工工作的多个方面，不仅包括上级对下属的评价，还有同事之间的互评、下属对上级的反馈，甚至可能涵盖客户的意见。通过收集多维度的信息，管理者能够全面、客观地了解员工的工作表现和综合素质。不过，这种方法可能会受到评价者主观因素以及人际关系的影响，导致评价结果不够准确。

绩效评估：主要依据员工预先设定的工作目标及实际达成情况来衡量。通常会设定明确的量化指标，如销售额、产量等，或者定性的工作成果描述。绩效评估能够直观反映员工在特定时间段内的工作成效，对于激励员工提高工作效率有显著作用。它的局限性在于可能过于注重短期成果，而忽视了员工在长期发展和潜在能力方面的表现。

能力素质模型评估：企业要先构建与各个岗位紧密相关的能力素质标准体系。这些标准涵盖诸如沟通能力、团队协作能力、领导力、创新能力等多个维度，将员工在实际工作中的表现与这些标准进行对比和衡量。这种方法为企业选拔和培养人才提供了清晰、明确的方向和依据。不过，构建科学、合理且符合企业实际情况的能力素质评估模型，是一个复杂且具有挑战性的过程。

针对不同类型的人才，管理者要设计清晰的职业发展路径。对于核心人才，管理者可以通过提供更高层次的职位和更具挑战性的工作任务来激发他们的潜力；对于关键人才，可以通过提供专业技能培训和领导力培养计划来提升他们的综合素质；对于潜力人才，可以通过轮岗、实践等方式来拓宽他们的视野和知识面。同时，还要与人才进行充分的沟通和协商，以确保他们对自己的职业发展路径有清晰的认识和认同。

在笔者授课的全球知名的某外资 500 强企业，新员工入职后，经过两年的工作积累与成长，企业会对他们进行全面的人才评估。根据评估结果，企业将员工分为核心人才、关键人才和潜力人才。对于核心人才，企业会提供更具挑战性的项目和晋升机会；关键人才则在专业领域深入发展，成为技术骨干；潜力人才会得到更多的培训和指导，挖掘其潜力。多年后，这批人有的成功晋升为高级管理者，带领企业走向更高峰；有的成为杰出的技术专家，为企业的创新发展提供强大动力。这一人才分类与培养体系，使得该企业在行业中始终保持领先地位。

二、优化人才薪酬与福利体系

构建人才薪酬与福利体系旨在确定员工的报酬和福利待遇。它由工资、奖金、津贴等薪酬组成，以及健康保险、休假、培训等福利项目。该体系基于员工的能力、绩效等因素确定，旨在吸引、保留和激励人才，调动员工的工作积极性，促进企业发展。优化人才薪酬与福利体系是指企业根据内外部环境和人才需求，对公司的薪酬与福利体系进行调整，让其更具合理性与激励性。薪酬应当能够真实反映员工的价值，而福利则要全面且贴心，合理的体系可吸引并留住人才，激发其工作积极性，提升企业竞争力，促进企业长期发展。

在实操中，企业需定期进行薪酬市场调研，通过收集公开数据、与猎头公司合作、邀请行业专家讲课等方式，了解行业和竞争对手的薪酬水平。通过市场调研，企业可以了解当前市场同类人才的价格水平和需求情况，从而为自己制定合理的薪酬标准提供参考。

企业薪酬负责人可以通过招聘网站和求职平台、薪酬机构、行业协会、社交媒体等渠道了解当前市场同类岗位的薪资标准。在招聘网站上，通过搜索同行业、同岗位的招聘信息，企业可以大致了解市场薪酬水平。平台信息更新相对较快，能够反映当前的招聘行情。企业也可以直接购买薪酬调研机构更为详细且权威的报告，或者通过参与行业活动、与同行交流，或者参加专业论坛和社交活动等渠道，了解更多的动态信息。

此外，企业要根据战略目标和财务状况，设计合理的薪酬结构。薪酬结构主要包括基本工资、绩效奖金、年终奖、股权激励等部分。其中，基本工资是员工固定获得的收入部分，可以保障员工基本的生活需求；绩效奖金是根据员工的工作表现和业绩来发放的，可以激励员工努力工作，争取更好的业绩；年终奖是对员工一年来工作的嘉奖，可以体现企业对员工的关爱和尊重；股权激励则是将企业的部分股权作为奖励或激励手段，以增强员工的归属感，激发其创造力，使他们更加关注企业的长远发展。

例如，某制造业公司的薪酬结构包含基本工资、绩效工资、岗位津贴、年终奖、福利。基本工资是员工稳定的收入来源，根据员工的职位等级和工作经验设定。一线操作工人的基本工资为每月4000元，技术主管的基本工资为每月8000元。绩效工资与员工的工作表现直接挂钩。对于一线工人，根据产品合格率、产量等指标进行考核；对于管理人员，则依据部门业绩完成情况来评定。绩效工资的占比约为总薪酬的30%，表现优秀者能获得较高的额外收入。此外，还有岗位津贴。在高温、噪声等特殊环境工作的员工会有相应补贴。技术岗位根据技能等级，也有相应的津贴。年终奖金根据企业全年的盈利状况和个人年度的综合表现发放，通常为1～3个月的工资。企业还为员工提供五险一金、带薪年假等福利。这种薪酬结构在保障员工基本生活的同时，可以有效地激励员工提升工作效率和工作质量。

除了薪酬外，企业还可为员工提供具有吸引力的福利。常见的员工福利包括健康福利、子女福利、餐饮福利、交通福利等。如定期安排员工体检，开办暑托班，自设食堂，提供丰富多样的美食或者提供餐饮补贴，配备班车或者发放交通补贴，商务区提供停车位，提供统一的员工宿舍，或者给予住房补贴等。

“95后”“00后”的年轻员工对于福利有着独特的偏好。例如，每周一天的居家办公福利，让他们在特定时间能避开通勤高峰，享受更舒适、自由的工作环境，提高工作效率。再如每周安排一天宠物友好日，允许带宠物上班。又如企业为员工自发组织的各类兴趣社团提供资金支持，如摄影社、电竞社、瑜伽社等，丰富员工的业余生活，促进员工交流和团队凝聚力的提升。

三、提供持续职业发展和培训

企业要为员工提供学习资源和培训课程，帮助他们提升技能，扩展知识，增强能力，以适应不断变化的市场和工作需要。这不仅有助于员工实现自我价值，也有利于企业保持竞争力和创新力。

在培训前，企业要进行职业发展评估，了解员工的职业发展状况，识别员工的潜力和需求，为员工提供职业发展指导和支持。评估角度通常包括：**工作绩效，**如任务完成情况、工作质量和效率等；**技能水平，**包括专业技能、沟通协作能力等；**职业目标与规划，**员工自身的职业追求及规划是否与企业发展相契合；**职业素养，**如责任心、敬业精神等。以下岗位人员通常会优先进行评估：关键岗位人员、高潜力员工、绩效波动较大的员工。评估频率因企业而异。一般来说，对于关键岗位和高潜力员工，可能每半年评估一次；对于普通员工，可能每年评估一次。但在一些发展迅速或竞争激烈的行业，评估频率会更高。

以销售岗位为例，职业发展计划包括制作提高销售技巧和客户管理能力的培训课程，设定逐步提高的销售业绩目标，以及提供晋升为销售主管或区域经理的清晰路径。以技术岗位为例，职业发展计划包含参与前沿技术培训和研讨会，参与重要项目以积累经验，获得技术专家或项目经理等职位晋升的机会。 企业为员工制订的职业发展计划应结合岗位特点和员工个人需求，为员工指明清晰的职业发展方向，激发员工的工作积极性和创造力。

企业可以根据员工需求和职业发展计划，提供多样化的培训形式，具体如下。

工作坊：通常由一个小团队在特定的时间和空间内，针对某个特定主题进行深入探讨和实践。参与者在引导师的带领下，通过互动交流、案例分析、小组讨论、实际操作等方式，共同解决问题或完成任务。工作坊强调实践和体验，它能让员工更直观地理解和掌握相关知识与技能，激发创新思维，促进团队合作。

在线学习：员工能自由安排时间，通过电脑或手机登录学习平台获取知识。在线学习形式多样，如直播课程，实时互动答疑；短视频教学，碎片化高效学习；虚拟实验室，模拟实践操作。常见平台有网易云课堂、腾讯课堂等。不少企业还自主开发了专属平台，定制符合自身需求的课程，适应企业发展需求。

参观访问：企业安排的参观访问可聚焦前沿技术与创新模式。比如，参观智能机器人研发中心，了解新的机器人在工业生产、医疗护理、物流配送等领域的应用；前往大数据分析公司，学习如何依托海量数据分析市场趋势，了解客户需求；参观新能源汽车工厂，了解先进的制造工艺，学习提供可持续能源解决方案；走进 3D 打印工作室，感受快速成型技术为制造业带来的变革……这些参观能拓宽员工视野，激发他们的创新灵感。

导师制度：企业中一种行之有效的人才培养方式。新员工入职后，会被安排一位经验丰富的导师。导师会为徒弟制订个性化的成长计划，分享工作中的专业知识和实用技巧。在日常工作中，导师随时给予指导和建议，帮助徒弟解决难题。通过导师的言传身教，徒弟能更快熟悉工作环境和业务流程，提升工作能力，同时也传承了企业的文化和价值观，促进员工快速成长和企业稳定发展。

行动学习：常见的方式包括：小组研讨，针对特定问题，小组成员各抒己见，共同分析问题根源和可能的解决方案；项目实践，成员共同参与实际项目，在实践中学习和应用知识，积累经验；案例复盘，对已完成的项目或事件进行回顾和总结，反思成功与不足之处；角色扮演，模拟真实场景中的角色，锻炼应对能力和决策水平。这些方式让学习者在行动中不断反思和改进，从而实现个人与团队的共同成长。

游戏化培训：一种创新的培训方式，将培训内容融入游戏中。常见形式有：知识竞赛类游戏，通过抢答问题巩固知识点；模拟经营类游戏，让员工在虚拟的企业环境中作出决策，培养管理能力；解谜冒险类游戏，设置与工作相关的谜题，激发员工的思考和探索精神；团队合作类游戏，如组队完成任务，增强团队的协作和沟通能力。这种培训方式能提高工作趣味性和员工参与度，使员工在轻松愉快的氛围中高效学习，提升技能。

为员工提供培训对企业意义重大，它不仅能提升员工的工作能力和绩效，使员工熟练掌握业务知识和技能，高效完成工作任务，更能为企业的发展提供新思路和新方案，促进企业文化的建设和传承，增强员工对企业的认同感和归属感，形成积极向上的工作氛围，为企业的长远发展提供有力支持，进一步增强企业竞争力。

小作业

在制定人才分类标准的时候，企业通常将人才分为三类，分别是：（　　）。

A. 核心人才

B. 关键人才

C. 潜力人才

D. 低绩效人才

答案：ABC

第二节　制度留人，如何三招留住蓝领人才

制造业A公司，拥有宽敞的厂房和数千名员工。“95后”中专毕业生小王，对机械制造满怀热忱且天赋极高，入职A公司仅一年，便凭借精湛技艺发明新产品，且成功优化生产流程，为公司大幅降低生产成本。但在取得巨大成绩的三年内，公司并未对他进行职位晋升或奖金激励，只是进行了公司层面的荣誉激励。

某日，小王主动找到直属上级，说：“领导，我来公司三年了，成绩有目共睹，可我既没有涨工资，也没有升职，我想辞职。”上级却这样说：“小王，你还年轻，才来三年，要多付出才有收获，你要的升职加薪以后都会有的。我们的晋升制度是五年才有机会升职，你还需要在一线岗位多多磨炼。”这次对话令小王彻底失望，当即决定离职。凭借出色的专业技术，他很快就在另一家制造业公司担任了主管，工资是之前的两倍。A公司却花了长达半年的时间才找到替代小王的人选，重新培训又花了半年，时间成本损失极大。

从以上案例中，我们可以看到，蓝领人才是企业不可或缺的财富。**蓝领人才指的是具备一定专业技能或实践经验、主要从事体力**

劳动或技术操作工作的人群。常见的蓝领人才包括但不限于：制造业的车工、钳工、焊工、装配工等，建筑业的木工、瓦工、钢筋工、油漆工等，物流行业的快递员、装卸工、仓库保管员等。他们具备丰富的实践经验和专业技能，能够熟练操作各类机械设备，保障生产高效进行；是实际生产操作的主要实施者，直接影响着企业的生产效率和产品质量。

蓝领人才的专业技能、工作态度和团队协作能力，对于企业的稳定运行、技术革新和持续发展具有至关重要的意义。在管理过程中，企业可通过以下三个方法进行蓝领人才的培养、激励与挽留。

一、制定有竞争力的薪酬福利政策

对蓝领人才的有效管理离不开薪酬、奖金和福利的整体配套。薪酬不仅仅是对员工劳动的简单回报，更是对员工价值的激励和认可。合理的薪酬体系能够吸引优秀的技术人才，激发他们的工作积极性和创造力。企业通过市场调研，了解同行业、同岗位的薪酬水平，结合自身经济实力和发展战略，制定出具有竞争力的薪酬标准。奖金是对员工突出表现和业绩的额外奖励，能增强员工的成就感和归属感。企业要根据不同的岗位特点和工作任务，设立明确的绩效指标，使奖金的发放公平公正、有据可依。福利的多样化也是不可或缺的。如对于建筑工人，可以提供劳动保护用品、防暑降温补贴等；对于机械操作工，可以提供技能培训、职位晋升机会等；对于技术骨干，可以提供住房补贴和子女教育津贴等。多种方式灵活运用，才能留住核心技术人才，提高企业的生产效率和产品质量。

制造业B公司为了降低青年蓝领人才的离职率，对福利和激励措施进行了全面改革。对于掌握关键技术的青年蓝领人才，B公司给予高于市场平均水平的底薪。同时，建立技能等级制度，随着技能提升，薪资也相应增长。奖金制度更是充满激励性，每月都会评选出“技术创新之星”“高效生产能手”等，并给予丰厚的奖金。此外，只要团队完成重要项目或实现生产目标，所有成员都能获得相应的团队奖金。在福利方面，员工宿舍不再是简陋的上下铺，而是温馨舒适的单间或双人间，并配备齐全的生活设施，甚至考虑到年轻员工不擅长做家务，配备了宿舍专属清洁阿姨。对于外地员工，每年提供额外的探亲假和往返交通补贴，极大地提高了员工的满意度。

二、搭建职业发展快捷双通道

为蓝领人才提供专属的职业发展晋升通道，具有极其重要的意义。对于企业而言，设立这样的通道有助于充分挖掘人才潜能，使人才各尽其能。对于人才而言，他们不再局限于单一的管理路线，还能选择技术路线深耕，实现纵向的技术精进和横向的多元拓展。

在实操中，企业首先需要进行详细的岗位分析和能力评估，明确各个技术岗位的职责和要求，以及员工晋升所需的技能和经验。之后，为蓝领人才制订个性化的职业发展规划，安排有针对性的学习和培训课程。可以与专业机构合作，邀请行业专家授课；也可以提供内部导师指导。同时，建立公平、公正的晋升评价机制，以实际工作成果和专业能力为主要衡量标准。制订了职业培训计划后，企业要选择合适的培训方式实施这些计划。对于蓝领人才来说，他们更适合采用实践性强、理论性弱的培训方式。例如，师傅亲自示范、徒弟边观察边学习的师徒制，现场教学，以及模拟操作等，再辅以现代化的技术手段，如在线课程、虚拟现实等，增强培训的趣味性和实用性。

制造业C公司拥有数千名员工，主要生产精密机械零部件和高端电子设备，其产品广泛应用于航空航天、汽车制造、通信等领域，以高品质和精湛工艺在行业内享有盛誉。小张中专毕业后，作为一名普通技术工人加入C公司。入职前两年，小张参加了公司内部的各种基础技能培训课程，迅速熟悉了公司的产品线和工艺流程。工作满三年后，凭借出色的表现，他晋升为技术熟练工。公司为他安排了更具挑战性的工作任务，并提供了与资深技术人员交流学习的宝贵机会。工作第五年，小张因表现优秀，顺利晋升为技术主管。在此阶段，公司资助他参加外部的专业培训，让他能够接触到行业前沿技术。工作第八年，小张在技术创新方面屡创佳绩，晋升为技术经理，负责带领小团队攻克技术难题，并参与公司的重要技术研发项目，承担内部培训师的工作，系统性地培育更年轻的技术人才。工作第十五年，公司内部成立了以他的名字命名的工作室，让他带领徒弟攻克更高难度的技术项目。工作第二十年，小张成为公司首席技术专家，年薪达到百万元，而他的徒弟也成为公司的中流砥柱，继续培养更新一批的技术员工。

三、提供良好的智能系统与工作环境

随着智能化与机械化元素的融入，现代制造业已然发生翻天覆地的变化，早已摆脱了过去脏、乱、差的环境，制造车间焕然一新。在智能化的车间里，各种高科技设备有序运作，智能监控系统实时反馈生产数据，员工可以通过数字化终端轻松操控生产流程。高度自动化的生产线有条不紊地运行着，机器人精准地执行着各项任务，大大提高了生产效率和产品质量。先进的通风和空气净化系统，确保了车间内的空气质量清新宜人。明亮而舒适的照明设施，为员工创造了良好的视觉环境。

对于企业来说，这样良好的工作环境具有诸多重要意义。首先，能显著降低事故发生率。智能化的设备和合理的布局减少了操作不当或环境因素导致的意外，保障了员工的生命安全和企业的正常生产。其次，让员工拥有更舒适的心情，提高工作满意度。在整洁、有序且充满科技感的环境中工作，员工能感受到企业对他们的关怀和尊重，进而激发其工作积极性和创造力，有助于吸引和留住优秀的人才。

某网红品牌汽车制造D公司，其生产车间堪称高科技、智能化的典范。车间顶部采用先进的采光设计，结合高效的节能照明系统，使得整个车间通透明亮，毫无昏暗压抑之感。车间内分布着多条高度自动化的生产线，从零部件的冲压、焊接到车身的涂装、总装，大部分流程由精密的机器人精准而高效地完成。在生产线上，智能机械臂灵活地抓取、安装零部件，其精度达到微米级别，确保每一辆汽车拥有卓越的品质。监控环节同样令人惊叹。车间内安装了全方位的智能监控系统，无数高清摄像头和传感器实时收集生产线上的各种数据，包括温度、湿度、压力等环境参数，以及设备运行状态、产品质量指标等。这些数据被迅速传输到中央控制中心，经过大数据分析和人工智能算法的处理，让人们及时发现潜在问题，并自动调整生产参数，实现生产过程的实时优化和故障的提前预警。

在这个充满科技感的车间里，员工不再像传统工厂那样从事繁重的体力劳动，而是主要负责监控和管理机器人运行，以及处理一些复杂的技术问题。他们身着统一的工装，佩戴着智能设备，与高科技系统完美融合，共同打造出一辆辆性能卓越、品质精良的汽车。该汽车公司凭借高科技、智能化的车间，不仅大大提高了生产效率和产品质量，还降低了生产成本，在激烈的市场竞争中脱颖而出，成为汽车制造行业的领军企业。

小作业

企业可以采用以下哪些方法留住蓝领人才？（　　）

A. 制定有竞争力的薪酬福利政策

B. 搭建职业发展快捷双通道

C. 提供良好的智能系统与工作环境

D. 以上都是

答案：D

第三节　愿景留人，如何三招留住高学历人才

在人工智能领域享有盛誉的 A 公司，主打产品包括智能语音助手和智能机器人等。公司组织架构完备，设有研发、市场、运营等多个部门。为增强研发实力，公司历经半年之久，精心招揽了一批“95 后”“00 后”拥有高学历的硕博人才。他们均来自国外 QS 排名前 50 及国内“双一流”的知名院校。

这些高知人才初入公司时，满怀激情地投入工作。然而，数月后，问题开始显露。博士小强在一次会议上提出了一个关于产品优化的创新方案，他充满自信地阐述道：“领导，咱这产品要是引入我这个新算法，性能一定会迅速提升的！为什么不试试呢？”经理不以为然地回道：“小强啊，你这个年轻人还是太嫩了。新方法风险太高，还是老方法可靠。”博士小丽在工作中也察觉到部门间的沟通存有严重问题。她多次尝试与其他部门协调工作，但总是遭遇阻碍。她向上级反映：“领导，我们和其他部门的沟通太困难了，影响工作效率。”经理却不以为意地说：“小丽，这是每个部门都会面临的问题，你习惯后就好了。”

入职一年后，这批高知人才有一半以上提出了离职。公司不得不花更多时间招人，前期的招聘及培训成本付诸东流，业务的连续

性也受到影响。高学历人才具备卓越的专业知识和技能，能为企业带来创新的思维和前沿的理念，推动企业技术革新和发展。如何有效降低高学历人才的离职率呢？有以下三个办法。

一、共同规划未来

企业与员工共同规划未来，具有诸多好处。这不仅能使员工明确个人的发展方向，提高工作积极性和归属感，还能让企业更好地了解员工需求，实现资源优化配置。同时，双方的协同努力能促进企业持续发展，提高竞争力，打造共赢局面。

企业目标通常包括持续的增长和盈利，在市场中保持竞争优势，拥有创新的产品或服务，满足客户需求，建立良好的品牌形象，提升市场知名度和美誉度等。当分解到部门目标时，部门就可以这样设置目标。例如研发部门，推出更多创新产品，提升研发能力；销售部门，拓展市场份额，提高客户满意度；人力资源部门，吸引和培养优秀人才，提升员工满意度等。以某科技公司为例，从用户增长角度，可设定"在未来一年内将活跃用户数量提升50%"的目标；从产品优化角度，设定"在半年内实现课程内容全面升级，提高用户满意度至90%以上"的目标；从市场拓展角度，设定"在两年内进入新的国际市场，并占据一定市场份额"的目标；从盈利角度，设定"在三年内实现净利润增长两倍"的目标……这些战略性、方向性目标的设定，有助于企业明确发展路径，集中资源和精力，实现可持续发展，打造竞争优势等。

基于以上目标，企业可与高学历人才共同制订更细化的培养方案：首先，了解员工需求，与员工进行深入的一对一或小组讨论，以充分了解他们的职业目标和期望，包括询问他们对职业发展的长远规划、短期目标，以及所关注的领域和技能。通过这种方式，公司能够更好地了解员工的个人需求，并为他们量身定制发展计划。关于工作内容，可以提问："你觉得目前工作的挑战性是否适中？""是否有足够的资源支持你完成工作任务？"关于职业发展，可以提问："你对自己在公司的职业发展路径清晰吗？""是否希望得到更多的培训和晋升机会？"对于薪酬福利，可以提问："你对当前的薪酬待遇是否感到公平合理？""公司提供的福利是否满足你的需求？"对于团队协作，可以提问："你与团队成员之间的沟通协作是否顺畅？""是否希望有更多的团队建设活动来增强凝聚力？"通过这些方面的了解，企业管理层能够更全面、深入地洞察员工的需求。

其次，为员工提供必要的资源和支持，包括培训课程、导师指导、项目机会等。例如，在高科技行业中，在实验室仪器方面，配备最新的高精度测量设备、先进的合成装置等，使研究实验能达到更高的精度和效率；研发经费上，给予充足的预算，确保他们无须为资金担忧，能够大胆开展创新性的研究项目；配备高性能计算设备，能够快速处理海量数据和复杂模型；提供丰富多样的科研材料，涵盖各种新型材料、化学试剂等，满足各种前沿研究的需求。硬件设施方面，如提供舒适的实验台、良好的通风系统等，为他们创造优质的工作条件，让高学历人才能够在优越的研发环境中充分施展才华，实现科研突破。

二、打造企业文化

企业塑造文化价值具有多方面的重要意义。从社会层面看，积极向上的企业文化有助于树立良好的企业形象，推动行业进步，为社会发展做出贡献。例如，倡导环保理念的企业能促进可持续发展，关注公益事业的企业能传递爱心和正能量。在文化方面，独特的企业文化能够丰富社会文化的多样性，为社会文化注入新的活力。同时，也有助于传承和弘扬优秀的价值观，如诚信、责任、创新等。先进的企业文化是吸引和留住人才的关键因素之一。企业要营造出积极的工作氛围，让员工实现自身价值，获得成长的空间。

企业可通过多种方式提炼企业文化。例如，在企业内部，组织员工开展主题讨论活动，鼓励员工分享工作中的点滴故事和感受，从中挖掘共同的价值观念。也可以进行问卷调查，广泛收集员工对企业价值观的理解和期望，分析企业的发展历程和关键事件，总结其中所体现的精神内涵。比如，面对重大挑战时，企业是如何团结一致、克服困难的。

常见的企业文化口号有："创新驱动，引领未来"，强调企业对创新的重视和追求；"品质成就卓越，服务铸就辉煌"，突出对产品品质和服务质量的高度重视；"团结一心，共创辉煌"，体现团队合作的重要性；"客户至上，用心服务"，表明以客户为中心的经营理念；等等。打造鲜明且富有内涵的企业文化，提炼精准而富有感染力的口号，对于企业的长远发展具有重大意义。

三、给予自由空间

对于青年人才来说，一个能给予他们自由的公司极具吸引力。这种自由并非无拘无束，而是在合理框架内，允许他们自主决策，尝试新方法。比如，在项目执行中，能自主选择部分工作方式，发挥创意。自由的环境让年轻员工更有激情和动力，充分展现才华，提升对公司的认同感和忠诚度。适度的自由空间有助于年轻员工在工作中不断成长和进步，为公司发展带来更多活力和能量。

例如，以互联网公司和广告公司为代表的青年员工较多的企业，将上班时间延至上午 10 点、11 点，甚至允许从下午开始上班。再如在大型集团公司，由于内部岗位众多，为满足员工职业发展自由的需求，提供内部转岗竞聘的机会。员工可根据自身兴趣和能力，寻找更适合的岗位。又如文化更为包容的公司，鼓励员工自行组织内部脱口秀等活动，在轻松的氛围中畅所欲言，为公司发展建言献策。这种对员工自由需求的满足，将极大激发员工的积极性和创造力，提升企业的活力与竞争力。

公司给予员工自由空间指的是，在一定的规则和约束下，允许员工在工作中拥有一定的自主性、灵活性和决策权。例如，允许远程办公，对于需要照顾家庭的员工，他们可以选择一周几天在家办公，只要能按时、高质量地完成工作任务即可，不严格限制每天的具体工作时长，而是以项目或任务为导向，让员工根据自身效率和情况合理安排。这样能让员工更好地平衡工作与生活，提高工作效率和满意度。

企业也可定期公布内部的各类项目，详细说明项目目标、要求和预期成果。员工根据自己的兴趣、技能和职业发展规划来申请参与。例如，在研发部门，员工可以自主组成团队，选择感兴趣的研发方向。这不仅能激发员工的积极性和创造力，还能让员工在工作中获得更多的成就感和满足感，因为他们从事的是自己真正热爱的工作。

企业还可以建立开放、透明的沟通机制，让员工自由表达意见和想法。例如，定期召开员工意见征集会，无论是对工作流程的改进建议，还是对公司战略的思考，都鼓励员工大胆发言。同时，搭建线上匿名交流平台，让员工毫无顾虑地分享真实想法。对于员工提出的合理化建议，企业要积极采纳并给予奖励。此外，公司高层也应定期与基层员工进行面对面交流，倾听他们的心声，让员工感受到自己被重视，从而增强归属感和责任感。

小作业

如何有效降低高学历人才的离职率？（　　）

A. 共同规划未来

B. 打造企业文化

C. 给予自由空间

D. 以上都是

答案：D

第四节 福利留人，如何三招提升员工满意度

“00后”的悠悠名校毕业后面临众多工作选择，在五个录取她的优秀公司中，她竟然选择了薪资最低的A公司。这是为什么？A公司主要生产年轻人喜爱的潮流产品，除了时尚的电子设备、个性化的文具和创意家居装饰品外，还推出一系列与潮流文化相关的周边产品，如限量版的运动鞋、潮流服装和特色玩具等。

最吸引悠悠的是A公司提供给员工的健身福利。员工可以免费使用公司豪华的健身室，里面配备了各种先进的健身器材：有深受年轻人欢迎的智能健身镜，通过互动课程和虚拟教练进行锻炼；有动感单车，让人在充满激情的音乐中尽情挥洒汗水；有提升肌肉力量的战绳、可以进行全身训练的悬挂训练带，甚至还有室内攀岩墙等。公司还提供免费的健身课程，如热汗搏击操、燃脂蹦床课、活力Zumba舞、塑形普拉提等，邀请专业的健身教练不定期来公司开讲座，其中不乏一些在社交媒体上拥有百万粉丝的体育类网红博主。这些教练具备专业的知识和丰富的经验，能够根据员工的个体差异提供个性化的健身指导。

对悠悠来说，公司配备的福利，能让她拥有强健的体魄，远远

比薪资更有吸引力。她相信，在这样一个关注员工需求、充满时尚活力、有健身福利的公司里，自己能够不断成长和进步，实现快乐工作的梦想。她对公司的满意度非常高，希望能长期为公司服务。

企业福利具有保障性、激励性、多样性的特点，能提高员工的工作满意度，让员工感受到企业的关怀与尊重，增强员工的忠诚度。良好的企业福利有助于缓解员工的工作压力，提升其工作效率和工作积极性。如何通过福利提高员工满意度，有以下三个创新性的办法。

一、亲子福利

在当今快节奏且竞争激烈的社会环境中，工作与育儿的平衡对于员工无疑是一项艰巨的挑战。为了切实减轻员工在这方面的压力，对于初为父母的员工，企业可给予女性员工超长带薪产假，给予男性员工陪产假。在这期间，工资待遇按照正常工作水平发放，让他们能够心无旁骛地陪伴孩子度过最初的脆弱阶段，建立起深厚且亲密的亲子纽带。同时，发放丰厚的企业内部育儿津贴，专门用于补贴孩子的奶粉、尿布、玩具等日常开销，极大地减轻家庭的经济负担。

有条件的企业可以设置托儿所，配备专业且富有爱心的育儿人员，为员工的孩子提供从早到晚的全方位照顾。托儿所内设有专门的游戏区、学习区和休息区，采用环保、安全的材料装修，确保孩子的健康和安全。或者与周边口碑极佳的优质托儿所达成深度合作协议，员工子女享有一定的入学费用优惠等。

针对孩子稍大的员工，企业每逢节假日和周末，定期组织丰富多彩的亲子活动，如温馨的户外野餐、充满活力的亲子运动会、有趣的手工制作活动等，为员工与子女创造更多珍贵的共处时光，增进亲子间的感情。企业还可邀请教育领域的知名专家举办育儿讲座，内容涵盖儿童心理健康、学习习惯培养、兴趣爱好发掘等多个方面，为员工提供专业且实用的教育咨询和辅导资源，助力他们更好地引导孩子茁壮成长。

二、住房福利

在当今社会，住房问题对于员工来说是一项沉重的生活负担。为了帮助员工解决这一难题，提升员工的生活质量和工作满意度，企业可推出一系列切实可行的住房福利政策和计划。

例如，实行低息或无息贷款政策，贷款额度根据员工的工作年限、职位级别，以及对企业的贡献度等因素进行综合评估，员工可以根据自身经济状况选择等额本金、等额本息或先息后本等还款方式。在申请流程上，企业尽量简化手续，员工只需提交购房合同、个人收入证明以及还款计划等材料，经过企业内部审核小组审批通过，即可获得贷款。

再如统一提供公寓，企业可集中租赁一批位置优越、交通便利且周边配套设施完善的公寓。这些公寓分布在公司附近的各个区域，以满足不同员工的需求。公寓内部装修精美，家具家电一应俱全，员工可以直接拎包入住。租金方面，企业给予补贴，配备专门的物业管理人员，为员工提供及时、周到的服务，包括房屋维修、清洁卫生以及安全保障等。又如，为员工争取购房团购折扣。当一定数量的员工有购房意向时，企业便可与开发商协商，为员工争取房价优惠，以及额外的福利，如停车位、储藏室，或者精装修升级等。在选房过程中，企业安排专人与开发商协调，为员工提供优先选房的机会，确保员工能够选到心仪的户型和楼层。

对于已经享受住房福利的员工，企业可建立跟踪和反馈机制，如定期了解他们的居住情况和还款情况，对于出现的问题及时给予解决。同时，根据员工反馈，不断优化和完善住房福利政策，以确保其能够更好地满足员工需求。

三、健康福利

在当前高强度的工作压力和快节奏的生活模式下，员工的身心健康状况愈发受到关注。对于那些长期伏案工作的员工，企业可安排专业的按摩理疗师到公司驻点服务。理疗师会针对员工常见的肩颈、腰部肌肉疲劳和紧张问题，提供时长约 30 分钟的深度按摩服务，运用专业的手法和技巧，有效缓解肌肉酸痛和僵硬。同时，在工作区域配备先进的眼部护理设备，如具备多种按摩模式和热敷功能的眼部按摩仪、舒适的热敷眼罩等，定期邀请眼科专家为员工进行视力检查和眼部保健指导，预防和改善长时间面对电脑屏幕导致的视力下降和眼部疲劳。此外，企业还可不定期邀请脊椎专家举办脊椎健康讲座，通过生动的案例和现场演示，向员工传授正确的坐姿、站姿和简单易行的脊椎锻炼方法，帮助他们预防脊椎疾病。

对于经常出差的员工，企业可与专业的营养咨询机构合作，为他们提供一对一的增强免疫力营养咨询服务。营养师会根据员工的出差行程、饮食习惯和当地饮食特点，精心制订个性化的营养方案，包括推荐适合携带的营养补充剂和方便食品。同时，为他们量身定制一套便携式的健身课程，通过手机应用程序提供详细的教学视频和训练计划，让员工在出差期间能够随时随地利用碎片化时间进行有效的锻炼，保持良好的身体状态和精神活力。

对于年轻的女性员工，企业在常规体检项目的基础上，可增加更为细致的妇科专项检查，如乳腺超声检查、HPV 筛查、性激素六项检测等。同时，与知名美容机构携手合作，为她们提供定期的美容护理项目，包括面部清洁补水护理、皮肤问题检测与治疗、身体放松按摩等。这些项目不仅能够帮助女性员工保持良好的肌肤状态，还能让她们在紧张的工作之余，享受到片刻的宁静与放松，改善自我形象，增强自信心。

企业还可为员工建立详尽且私密的个人健康档案，全面记录他们历年的体检结果、过往的健康状况，以及就医历史等重要信息；利用先进的大数据分析和人工智能预测技术，对员工的健康数据进行深度挖掘和趋势分析，为他们提供精准的个性化健康建议和科学合理的运动方案。企业可与专业的健康管理机构建立长期合作关系，定期邀请资深医生到公司进行义诊和健康咨询活动，为员工解答各种健康疑问；或者在公司内部专门设置温馨、舒适的健康服务区域，配备基本的医疗检测设备和常用药品，方便员工随时进行简单的身体检查和疾病治疗，及时处理一些常见的健康小问题等。

小作业

企业可为员工提供哪些福利？（　　）

A. 亲子福利

B. 住房福利

C. 健康福利

D. 以上都是

答案：D

第五节　情感留人，如何三招为员工提供情绪价值

"情绪价值"最初来源于经济学和营销领域的"顾客感知价值"，用来衡量顾客在消费中的情绪收益与成本。**美国爱达荷大学商学院的教授杰弗里·贝利（Jeffrey Bailey）从顾客与企业之间的关系营销视角出发，将情绪价值定义为顾客感知的情绪收益和情绪成本之间的差值，其中情绪收益为顾客的积极情绪体验，情绪成本为负面情绪体验。**

随着社交媒体的发展和人们对情感需求的重视，"情绪价值"一词逐渐走入大众视野和职场，被广泛用来描述人与人相处时带来的情绪影响。它还曾入选2023年的十大流行语。"情绪价值"也成为衡量关系质量的一个重要因素。**情绪价值 = 情绪收益 - 情绪成本。**情绪收益，指员工在职场中获取的良好情绪：被关心、被重视、快乐、惊喜、成就感、理想的实现，甚至虚荣心的满足，等等。情绪成本，指员工在职场中感受到的不良情绪：孤独、无视或蔑视、焦虑、压抑、指责、伤害自尊，等等。

企业为员工提供情绪价值具有重要的意义，不仅能让员工在工作中感受到尊重、理解和关爱，提升他们的工作满意度和幸福感，

还能增强员工的归属感和忠诚度。当员工拥有良好的情绪状态时，他们会更有创造力和积极性，应对工作中的挑战和压力，从而提高工作效率和质量。关注员工的情绪价值是企业实现长远目标的重要基石，是企业与员工共同成长的关键所在。下面，我们将采取三个方法详细介绍如何为员工提供情绪价值。

一、让员工“被看见”

“被看见”，指的是个体的价值、努力和成果能够得到关注和认可。对于员工而言，“被看见”意味着他们不再是默默耕耘的无名之辈，而是能在团队中绽放光芒的存在。正如爱默生所说：“每一个人都应当与这世界上的劳作保持着基本关系，劳动是上帝的教育，它使我们自己与泥土和大自然发生基本的联系。”**当员工“被看见”，他们会感受到自身与企业紧密相连，工作也被赋予了更深的意义。**

“被看见”的内心感受是复杂而美妙的，是自豪与满足的交织，是付出得到回应的欣慰，更是对自身价值的肯定。它可以激发员工潜能，让他们以更饱满的热情和更高的效率投入工作，为企业创造更大的价值。

实操中，企业可定期为员工提供在全体会议或部门会议上内部演讲的机会，主题可以是项目成果、工作经验、市场洞察或任何他们擅长和热衷分享的内容。为了激励员工积极参与，不妨设立一定的奖励机制，如颁发荣誉证书、给予奖金或提供晋升机会等。这样的形式对企业而言好处颇多，不仅能促进员工分享经验，促进彼此的知识交流与共享，让团队成员相互学习、共同成长，更有助于增强团队凝聚力，营造积极向上的企业氛围，让企业更好地发现员工的潜力和特长，为人才的选拔和培养提供依据。在组织过程中，企业要提前做好宣传推广，确保员工知晓活动的时间、主题和奖励。活动现场要提供良好的设施和舒适的环境，安排专人记录和整理分享内容，以便后续传播和经验萃取。

企业设置荣誉墙也是对员工成就的有力彰显，同时也是企业文化建设的重要一环。荣誉墙可以放置优秀员工的照片及事迹介绍，展示他们在工作中的突出表现和贡献。可以张贴团队获得的重要奖项、荣誉证书影印件，凸显团队协作的成果；也可以展示企业在行业内取得的重大突破和里程碑事件。设置荣誉墙时，企业首先要确定其位置，选择员工日常活动频繁的区域，以保证关注度。其次，设计风格要简洁大方，富有活力，与企业形象相符。注意内容的更新频率，确保荣誉墙始终展示最新、最具代表性的成就。最后，在展示信息时，要遵循合法、合规的原则，设置互动区域，如留言板，鼓励员工发表感受和建议，增强员工的参与感。

为了促进员工之间的理解与协作，企业可组织岗位体验日活动。尤其对于新入职员工，轮岗是非常有效的历练活动。员工短暂告别自己熟悉的岗位，投身到其他部门的工作中，体验结束后，再组织员工讲故事大赛，让他们将这一天的独特经历化为精彩的故事分享出来。在跨国集团A公司的岗位轮换体验分享里，有的员工这样写道："以前不了解销售岗位的艰辛，这次体验让我明白了他们每一笔订单背后付出的努力。"还有的员工感慨："财务工作的细致和严谨超乎我的想象，每一个数字都关系重大。"通过这些体验，员工深刻地理解了其他岗位的不易，也看到了不同岗位的辛苦，增强了彼此之间的同理心和协作意愿，深刻体验到每个岗位都是企业运转不可或缺的一环，只有相互支持、协同合作，企业才能蓬勃发展。

二、让员工“被重视”

“被重视”，是一种深切的关注与在乎。一个人的被重视，体现在每一个细节中，是被认真倾听，是被充分理解，是被真诚对待。对于员工而言，“被重视”不仅是薪资待遇提高，更是对其能力的认可、对其工作的支持、对其发展的关注，是给予他们充分展现自我的机会和舞台。管理学大师彼得·德鲁克说：“管理的本质，就是激发和释放每一个人的善意和潜能。”这体现了对员工重视感的关注。“被重视”对于个人的心理健康、自我价值感增加和工作积极性提升都具有重要意义。当人们感受到被重视时，他们会更加自信、积极地投入工作和生活。

例如，笔者曾授课的集团企业A公司，为了让员工感受到被重视，每个季度都有员工代表旁听高管会议的机会。企业管理者会从各个部门选出若干名员工代表。会议前，人力资源部门提前将会议资料发送给代表，让他们有时间熟悉议题。会议当天，员工代表与高管们一同就座。高管们在讨论公司重大决策和业务发展方向时，会鼓励代表发表看法。代表提出的合理建议，会被认真记录并在后续的决策中予以考虑。参与过的员工代表小李表示：“这种机会让我深切感受到公司对我们的信任，也让我明白公司的发展离不开每一个人的努力。能直接了解公司的高层决策，让我工作起来更有方向和动力。”这种方式增强了员工的归属感和责任感，也促进了公司的良好发展。

再如，笔者曾授课的外资公司B公司，每月的集体生日都让员工感到特别有仪式感。集体生日当天，会有一辆装饰精美的推车缓缓推入办公室，上面放置着特别定制的网红蛋糕。这些蛋糕不仅外观精美，而且口味独特。在推蛋糕的过程中，同事们会一起欢唱生日歌，享用网红下午茶等。通过这样的生日仪式，B公司让员工感受到了家庭般的温暖和团队的凝聚力。这种关怀和重视不仅提升了员工的工作满意度，也促进了他们更加积极地投入工作中，为公司的发展贡献力量。这样的企业文化和氛围，使得B公司在吸引和留住人才方面具有很大的优势，成为连续多年的“最佳雇主”。

在日常管理中，管理者可经常表达对员工的重视感。例如，可以这样说：“这次任务顺利完成，你的功劳最大，辛苦了！”员工会感到自己的努力和付出得到了直接的认可，从而激发更大的工作热情和责任心。也可以这样说：“你的工作表现一直都很出色，是大家学习的榜样。”这种对员工能力的高度赞扬，能够增强其自信心，让员工更加明确自己的优秀之处，并努力保持和发扬。还可以这样说：“你的敬业精神值得称赞！”这会使员工感到自身的职业态度得到尊重，进一步强化敬业意识。当说“遇到难题，我经常想到的能够解决问题的人就是你”这句话时，它更能让员工明白自己在管理者心中的重要性和被信赖感。

员工感到“被重视”，工作会更有动力，更加投入，积极主动地为团队贡献更多力量。同时，管理者经常表达对员工的重视，也能营造良好的团队氛围，增强员工的凝聚力，提升整体工作效率和团队绩效。

三、让员工“被需要”

“被需要”，是一种不可或缺的情感体验。它不仅是员工价值被认可的体现，更反映了员工内心渴望与企业产生紧密联系、发挥重要作用的诉求。“被需要”包含诸多心理因素，如自我认同、归属感和成就感等，它能激发员工潜能，提升工作积极性与主动性，增强团队凝聚力和创造力，有力推动企业发展。

例如，某知名公司准备推出一款新的移动应用时，首先在内部召开了头脑风暴会议，邀请各部门的员工参与，广泛征集创意和想法。无论是技术研发人员、市场营销专员还是客服人员，他们都有机会发表自己的见解。最终，许多员工的建议被融入产品设计中。在开发过程中，项目经理不是独自作决策，而是与团队成员共同探讨任务分配。对于一些关键模块，鼓励员工主动请缨，承担重要任务。在产品测试阶段，邀请不同岗位的员工参与试用，认真听取他们的反馈。这款移动应用成功上线，并获得了市场的高度认可和用户的好评。由于员工在整个过程中充分感受到了“被需要”，工作积极性大大提高，团队凝聚力也显著增强。公司的创新氛围更加浓厚，后续的项目开展也更加顺利，员工的满意度和忠诚度大幅提升，公司的人才流失率明显降低，为企业的持续发展奠定了坚实基础。

管理者可以经常通过语言让员工感到“被需要”，比如可以这样说：“这件事交给你，我最放心，相信你一定能出色完成。”“你的专业能力在这个领域是独一无二的，我们离不开你。”“这次的紧急情况，我第一时间就想到了你，因为只有你能迅速处理好。”“团队的新方向规划，需要你的独特见解来引领。”“这个新业务的开拓，非你莫属，你就是最佳人选。""这个项目没有你参加，我心里真的没有底啊……"这些都强调了员工在团队中的不可或缺性。

除了言语，管理者在工作分配上，可给予员工具有挑战性的重要任务，让他们有机会发挥自己的专长和潜力。在决策过程中，邀请员工参与讨论，倾听他们的意见和建议，让他们感受到自己的想法能对团队产生影响。还可以在公开场合表扬员工的突出贡献，如在团队会议上，专门提及某位员工的优秀表现，增强其荣誉感。提供培训和晋升机会，也是让员工感到"被重视"和"被需要"的有效方式，这意味着管理者相信他们有能力承担更多的重任。

小作业

企业如何为员工提供情绪价值？（　　）

A. 让员工"被看见"

B. 让员工"被重视"

C. 让员工"被需要"

D. 以上都是

答案：D

本章小结

在竞争激烈的商业环境中，企业如何留住优秀人才至关重要。本章探讨了企业如何成功挽留蓝领人才和高学历人才，降低他们的离职率，提升员工满意度和提供情绪价值。蓝领人才是企业的重要支撑，企业除了要提供有竞争力的薪酬、奖金和福利外，还应为他们提供专属职业发展晋升通道，打造良好的工作环境和企业文化。高学历人才具有较高的专业素养和创新能力，企业需侧重于和人才共同规划未来，打造企业文化，并给予他们自由空间。

在当今的职场环境中，人才，尤其是年轻人才，对于自身的感受和价值格外重视。他们渴望"被看见""被重视""被需要"，这种情绪价值的满足已成为他们工作动力和满意度的重要来源。"被看见"，意味着自己的努力和成果能得到关注和认可，而不是默默付出，无人知晓。"被重视"，即个人的想法、意见和工作方式能得到应有的重视，而不是被随意忽视或否定。"被需要"，则让他们感受到自身在团队和企业中的不可替代性，从而产生强烈的归属感和责任感。

当企业能够为年轻人提供更多这样的情绪价值时，会带来一系列积极的影响。员工会感受到自身的价值而提高对企业的忠诚度，不再轻易产生跳槽的想法。他们会更愿意全身心地投入工作，为企业贡献更多的智慧和力量，积极主动地解决问题，提高工作效率和质量。企业也可以更快地完成经营目标，提升综合竞争力。对双方来说，这都具有重大意义。

本章金句

愿景留人动力足，情感留人暖意浓。

制度留人保障高，留人关键在留心。

留住人力是组织活力的源泉，是推动企业发展的不竭动力。管理者选人要正，用人要公，育人要智，留人要诚。